술술풀어가는

영어성경
영문법

야고보서
베드로전후서

술술풀어가는

영어성경 영문법

야고보서
베드로전후서

김 복 희 지음

한국문화사

술술풀어가는 영어성경영문법
-야고보서, 베드로전후서-

초판인쇄 2014년 11월 20일
초판발행 2014년 11월 28일

지은이 김 복 희
펴낸이 김 진 수
펴낸곳 **한국문화사**
등 록 1991년 11월 9일 제2-1276호
주 소 서울특별시 성동구 광나루로 130 서울숲IT캐슬 1310호
전 화 (02)464-7708 / 3409-4488
전 송 (02)499-0846
이메일 hkm7708@hanmail.net
홈페이지 www.hankookmunhwasa.co.kr

Copyright ⓒ 김 복 희
사진·삽화 김 복 희

ISBN   978-89-6817-184-0   93740

이 도서의 국립중앙도서관 출판시도서목록(CIP)은 e-CIP 홈페이지
(http://www.nl.go.kr/cip.php)에서 이용하실 수 있습니다.
(CIP제어번호 : CIP2014034452)

일러두기

1. 이 책에 실린 영어성경문장과 의역으로 사용된 우리말번역은 NIV 영어성경을 참고한 것임을 밝혀둔다. 성경해설도 『New International Version』, 『Big 베스트 성경』, 『New 만나성경』, 『빅 라이프성경』, 『NIV 한영해설성경』을 참고하였다.

2. NIV 영어원문이나 우리말 의역의 뜻이 분명치 않은 것은 KJV나 NLT 등의 영어 원문을 찾아서 비교대조함으로써 그 뜻을 이해하기 쉽게 하였다.

3. 한 개의 문장 속에 나오는 문법사항들을 문법별로 정리하다보니까 반복되어 나오는 문장이 있다. 예를 들어, 똑같은 문장이 'that의 용법'에도 나오고 '관계대명사'에도 나올 수 있다. 그것은 그 한 문장 속에 두 개 이상의 문법이 등장하기 때문이다. 그럴 경우에는 그 chapter에 해당되는 문법을 해설 ①번에 설명하였고 나머지 문법들은 간략하게 ②번과 ③번에 실었다. 따라서 ①번 문법 설명부분을 눈에 띄게 하기 위해서 글자를 고딕체로 하였다.

4. NIV 번역(의역)만으로는 무엇인가 설명이 미비하다고 생각되는 곳에는 의역 다음 부분에 성경해설을 조금 덧붙였다.

5. 특별한 단어나 숙어가 없는 경우에는 '단어 및 숙어의 확장'을 넣지 않았다.

6. 생략된 부분의 표기는 ✓ 로 하였다.

7. 단어 및 숙어의 확장 부분에서 중요한 기본동사는 불규칙동사변화 (원형-과거형-과거분사형)를 표시해두었다.
   예) come-came-come / catch-caught-caught

8. 이 책에 사용된 약자표기는 다음과 같다.
   R: 동사원형   S: 주어   V: 동사   O: 목적어
   Adj: 형용사   Adv: 부사   pl: 명사의 복수형   N: 명사
   Prep: 전치사   N.B.: 주의!

머리말

　사역자를 키우는 신학대학교에서 강의한 지가 15년이 넘었음에도 그들로 하여금 영어에 능통하게 하는 것이 항상 풀리지 않는 숙제였다. 계속 고민하고 새로운 방법을 연구하다가 혼동하기 쉬운 영문법을 영어성경안의 모든 구절을 통해 이해하기 쉽게 분석해서 낸 책이 바로 6년 전에 출간한『술술풀어가는 영어성경영문법-마태복음-』(2008)이었다. 이어서『술술풀어가는 영어성경영문법-요한복음-』(2011),『술술풀어가는 영어성경영문법-옥중서신-』(2012),『술술풀어가는 영어성경영문법-마가복음-』(2013)이 출간되었고 이번에 다섯 번째로 완성된 것이『술술풀어가는 영어성경영문법-야고보서와 베드로전후서-』(2014)이다. '누가복음'을 택하지 않고 '야고보서'를 택한 이유 중의 하나는 '야고보서'가 '신약의 잠언'이라는 평과 신행일치적인 말씀이기 때문이다. 필자 자신을 포함해서 기독교인들이 말은 많이 하지만 실천을 별로 하지 않는 것이 아닌가... 말만 무성하게 하지 말고 조용히 실천하는 크리스천이 되고자 하는 바람에서 '야고보서'를 택하였다. 또한 '베드로전후서'는 교회가 점점 더 세속적으로 변해가는 것을 막기 위해서 교회가 세상을 어떻게 지나가야 하는지 가르쳐주기 때문이다. 따라서 필자는 '야고보서'와 '베드로전후서'에 나오는 영어성경구절을 철저히 분석하여 영문법을 수학의 공식처럼 만들었다. 특히 학생들이 구별하지 못해서 해석이 어려웠던 부분들에 중점을 두었다. 예를 들면, 한 문장 안에서도 용법에 따라 다르게 해석될 수 있는 that을 보여주기 위해 '야고보서'와 '베드로전후서'에 나오는 that을 모두 찾아 철저하게 분석하였다.

　이 책의 가장 큰 특징은 포맷이다.
　첫째, 대체로 기존의 영어성경에 관한 책들이 신구약 중에서도 중요하다고 생각되는 부분만을 선택해서 분석한 것이라면 이 책은 '야고보서'와 '베드로전후서' 전체에 나오는 문법사항을 완전히 분석한 것이다.

둘째, 기존의 문법책들이 문법을 제목 중심으로 서술해서 설명했다면, 이 책은 혼돈되는 문법을 중심으로 '야고보서'와 '베드로전후서'안의 공통된 문장을 전부 다 한 곳으로 모아서 반복공부하게 함으로써 그 혼돈된 문법을 완전히 마스터하게 하였다. 다시 말하면 일반영어 문법책이나 독해책이 문법의 큰 제목, 즉 단순하게 '명사' '동사' '대명사' 등의 품사별 순서로 나열하고 설명하며 그에 해당하는 문장을 제시설명하는 포맷이라면 이 책은 품사별로 단순하게 나열하는 것이 아니라 평소에 혼동하기 쉬운 문법을 하나로 묶어 구체적으로 제시하고 설명하는 포맷이다. 같은 문법이나 관용구를 지닌 여러 가지 문장을 반복해서 학습하다 보면 자연스럽게 그 문법이나 관용구를 술술 이해할 뿐만 아니라 암기도 가능할 것이다.

이 책의 구성은 다음과 같다.
첫째, 문법의 타이틀을 제시하고 중요 포인트를 표로 만들어 제시하면서 관련된 기본예문을 보여주었다.
둘째, 성경원문을 보여주고 직역한 다음 그 문장의 핵심구조를 제시하였다.
셋째, 관련된 중요 단어와 숙어를 품사별로 풀이하였다.
넷째, 독해 포인트를 해설하였다.
다섯째, 마지막 부분에는 앞에 설명한 성경구절을 의역하였다. 의역은 NIV 우리말성경을 참고하였다. 또한 필자가 이스라엘, 터키, 그리스, 이탈리아, 미국, 캐나다, 그리고 스페인 성지순례 때에 찍었던 사진 또는 직접 그린 그림을 실어서 본문의 내용을 조금 더 실감나도록 하였다.

예로부터 영어성경은 영어를 배우는 데에 가장 적합하고 훌륭한 교재라고 하였다. 하지만 이것은 성경내용에 대한 책이 아니다. 영어성경의 모든 문장을 통해서 영문법을 완전하게 정복하고자 하는 것이 목표이다. 목회현장에서 사역하는 목사님, 사모님, 전도사님, 선교사님과 신학도 등 모든 분은 이미 성경에 대하여 해박한 지식을 갖고 있다. 따라서 이 책에서 필자는 감히 성경을 설명할 수는 없다. 성경에 능통한 교역자들이 이 책을 공부함으로써 영어에도 능통하여 세계의 모든 사역현장에서 영어라는 매개체를 통하여 설교도 하고 통역도 함으로써 하나님의 영광을 드러내기를 바랄 뿐이다. 일반인도 이 책을 공부함으로써 TOEIC, TOEFL, TEPS 등의 여러 시험의 reading과 writing에서 고득점을 획득하기를 바란다. 영어 성경의 문장은 영어공부의 기본이 되기 때문이다.

책을 끝내고 보니 무엇인가 빠진 부분도 있을 것 같고 부족한 설명도 있을 것이라고 생각된다. 이러한 점을 포함한 다른 문제점들은 독자의 지적과 비판을 참고로 빠른 시일 내에 다시 수정 보완할 수 있도록 하겠다. 끝으로 전능하신 하나님께 영광과 찬양을 올린다. 특히 이 책의 출간을 허락해주신 한국문화사 김진수 사장님과 김정희 실장님께 마음 깊이 감사드린다. 김태균 이사님과 편집을 맡아주신 편집부의 모든 분들께도 심심한 감사를 표한다. 교정을 도와준 소형과 경민에게도 고마움을 전하고 싶다.

2014년 11월
학산 연구실에서
김 복 희

1. 저자: 신약에 등장하는 네 사람의 야고보 가운데 예수의 형제되는 야고보를 가리킨다
   (막6:3) 그 이유는 세베대의 아들 야고보는 본서의 저작 이전인 A.D. 44년 경
   순교했고(행12:2) 나머지 두 야고보는 교회에 보내는 서신을 집필할 만한 영향력
   을 갖추지 못했기 때문이다.

2. 기록연대: A.D. 62년 경. 로마서 집필(A.D. 57년 경)이후이며, 야고보가 순교하기 직전
   (A.D. 62년 경).

3. 기록목적
   1) 로마의 박해에 직면한 성도들을 격려하기 위하여
   2) '이신득의'사상의 오해에서 비롯된 폐단을 시정하기 위하여
   3) 성도간의 사랑의 회복을 촉구하기 위하여

4. 주제: 믿음을 온전케 하는 행함. 믿음이란 입으로 시인하는 것만으로는 온전케 될 수
   없고, 그 열매가 '행함'이라는 형태로 삶 속에 나타나야 된다.

5. 배경: 스데반 순교 이후에 시작된 박해로 많은 유대인 성도들이 로마제국의 각지로
   흩어졌다. 이들은 사도들과의 접촉 기회가 없어 바른 신앙에서 멀어지거나 어려
   움을 극복하는 힘이 약한 경우가 많았다.

6. 특징
   1) 유대적 색채—윤리관, 예증 등에서 유대적인 표현이 많이 나타난다.
   2) 외경와의 유사점—지혜서, 집회서 등과 맥락을 같이 하는 내용이 발견된다.
   3) 강한 어투—명령형, 대화체 형식이 두드러진다.
   4) 교리적인 면보다 실생활에서의 교훈적인 내용이 우세하다.

7. 내용분해
   1) 인사 1:1
   2) 시험에 대한 권면 1:2-18
   3) 믿음과 행함 1:19-2:26
   4) 실생활의 교훈들 3:1-4:17
   5) 결론적 권면 5:1-20

베드로전서 개요

1. 저자: 베드로

2. 기록연대: A.D. 64년 경. 베드로의 로마 도착(A.D. 63년)이후, 순교(A.D. 68년)이전으로 네로의 기독교박해(A.D. 64년)직전 혹은 직후로 추정됨.

3. 기록목적
   1) 환난 가운데 있는 성도를 위로하기 위하여
   2) 다가올 박해를 극복할 용기를 갖게 하기 위하여
   3) 하나님의 은혜를 체험함으로써 산 소망을 갖게 하기 위하여

4. 주제: 환난을 이기는 산 소망. 로마로부터의 가혹한 박해에서 승리하는 길은 오직 산 소망이신 그리스도를 굳게 부여잡는 것이다.

5. 배경: 1:1의 교회들은 베드로가 설립 양육한 것으로 여겨진다. 이들 교회가 외적 박해에 직면하여 위축되어 있을 때 베드로는 재림의 소망으로 이들에게 힘을 주고자 했다.

6. 특징
   1) 소망의 서신 (Epistle of Hope): 성도를 위로하며 이를 극복하고 난 이후에 그 미래를 제시함으로써 소망을 갖게 했다.
   2) 신약과의 유사성: 바울서신과 야고보서 등 많은 신약의 다른 책들과 내용이 유사하다.
   3) 교리서신: 창조(4:19), 기독론(3:18), 속죄론(2:24), 삼위일체(1:2), 종말론(1:13, 4:7) 등 많은 교리를 수록했다.
   4) 유려한 문체: '허리를 동이라'(5:5) '우는 사자'(5:8) 등 회화적인 묘사들이 등장했다.
   5) 구약과 그리스도의 깊은 연관성을 강조했다(1:15, 16, 2:6, 23, 24).

7. 내용분해
   1) 서론: 1:1-1:12
   2) 거룩한 사회생활을 위한 권면: 1:13-3:12
   3) 고난에 대한 교훈: 3:13-5:11
   4) 문안과 축도: 5:12-14

1. 저자: 베드로

2. 기록연대: A.D. 66-67년

3. 기록목적
   1) 영지주의 등 거짓교사들을 경계하기 위하여
   2) 부도덕한 향락주의를 배격하기 위하여
   3) 재림에 대한 확신을 갖게 하기 위하여

4. 주제: 그리스도 안에서의 성장. 로마의 핍박과 함께 새로운 문젯거리로 떠오른 이단들을 경계하고, 오직 그리스도를 아는 지식 안에 굳게 서서 성장할 것을 권면했다.

5. 배경: 당시 교회에는 '영지주의' 등 이단들의 활동이 활발했고, 그들은 기독교적 윤리를 폐기하고 재림을 부인하는 등 교회를 크게 어지럽혔다.

6. 특징
   1) 거짓교사에 대한 경고—베드로전서가 외적 핍박자인 로마의 박해를 언급하는 데 비해, 본서는 교회의 내적 핍박자인 거짓교사들을 경계했다.
   2) 영적 지식을 강조함-가장 영향력 있는 이단이었던 '영지주의'를 반박하여, 올바른 영적 지식을 갖출 것을 권고했다.
   3) 유다서와의 유사점-거짓 선지자에 관한 견해에 대하여 두 책의 많은 부분이 일치한다.

7. 내용분해
   1) 서론과 인사 1:1-2
   2) 진리 안에서의 성장 1:3-21
   3) 거짓 선지자들에 대한 경고 2:-22
   4) 재림에 대한 소망 3:1-13
   5) 결론적 권면과 축도 3:14-18

술술풀어가는 영어성경영문법
(야고보서, 베드로전후서)

중요포인트

- 지시대명사 that + V

- 지시형용사 that + N: 명사를 수식함

- 지시부사 that + Adj (Ad): 형용사나 부사를 수식함

- 종속접속사: V + [that + S + V]: 종속된 절을 만듦

- (종속접속사): V + [✓ + S + V]: that이 생략됨

- 관계대명사: N + [that + V]: 뒤에 동사가 오면 주격

- 관계대명사: N + [that + S + V]: 뒤에 주어동사가 오면 목적격

- (관계대명사): N +[✓ + S + V]: 목적격은 생략됨

- so that + S + may (can)(will)(should) + R

- It + 강조부분 + that + S + V

- now that=since=왜냐하면

- 동격의 that절

01

that의 정체를 파악하자

1 지시대명사 that

중요포인트

> that + V

> V + that

지시대명사는 지시형용사나 지시부사처럼 꾸며주는 단어가 없다. 바로 뒤에 곧장 동사가 오거나 아무것도 오지 않고 독립적으로 쓰인다.

예문1 That is a gardenia. (저것은 치자꽃이다)

예문2 That is pastor Kim. (저분은 김목사님이다)

예문3 Please give me that. (저것 좀 주세요)

예문4 I have many things to do, this or that. (이것저것 할 일이 많다)

예문5 What is that? (저것은 무엇입니까?)

1 You believe that there is one God. Good! Even the demons believe that—and shudder. (약2:19)

> **직역** 너희는 믿는다 하나의 신이 있다는 것을. 좋다! 악마들조차도 그것을 믿는다— 그리고 몸을 떤다
>
> **핵심구조** 동사 believe + 목적어 that
>
> **단어 및 숙어의 확장** [동사] shudder (몸을)떨다, 전율하다, 몸서리치다
>
> **해설** ① that은 지시대명사이다. ② You believe 다음에 있는 that은 종속접속사이다.
>
> **의역** 네가 하나님은 한 분이신 줄을 믿느냐 잘하는도다 귀신들도 믿고 떠느니라

2 Instead, you ought to say, "If it is the Lord's will, we will live and do this or that." (약4:15)

> **직역** 그 대신, 너희는 말해야한다, "만약 그것이 주님의 뜻이라면, 우리는 살아서 이것저것을 할 것입니다"라고
>
> **핵심구조** 동사 do + 목적어 that
>
> **단어 및 숙어의 확장** [동사] ought to ~해야한다(=should) [부사] instead 그 대신에, 그 보다도
>
> **해설** that은 지시대명사이다.
>
> **의역** 너희가 도리어 말하기를 주의 뜻이면 우리가 살기도 하고 이것 저것을 하리라 할 것이거늘

3 But he gives us more grace. That is why Scripture says: "God opposes the proud but gives grace to the humble" (약4:6)

> **직역** 그러나 그는 우리에게 더 많은 은혜를 준다. 그것이 바로 성경이 말씀하신 이유 이다. 즉 "하나님은 오만한 자들을 반대하시지만 겸손한 자들에게는 은혜를 주신다"
>
> **핵심구조** 주어 That + 동사 is

단어 및 숙어의 확장 〔명사〕 grace 은혜, 우아함 〔동사〕 oppose 반대하다, 저지하다, 대항하다 〔형용사〕 humble 겸손한, 초라한, 소박한

해설 ① That은 지시대명사이다. ② the + 형용사=복수보통명사: the proud=proud people, the humble=humble people

의역 그러나 더욱 큰 은혜를 주시나니 그러므로 일렀으되 하나님이 교만한 자를 물리치시고 겸손한 자에게 은혜를 주신다 하였느니라

앞에 나왔던 명사가 뒤에 또 다시 나올 경우, 명사의 반복을 피하기 위해서 사용되는 지시대명사 that이나 those가 있다.

예문1 The climate of Italy is similar to the climate of Korea.
→The climate of Italy is similar to <u>that</u> of Korea.
(이탈리아의 기후는 한국의 기후와 비슷하다)
(that은 climate을 가리키는 지시대명사이다)

예문2 The ears of a rabbit are longer than the ears of a fox.
→The ears of a rabbit are longer than <u>those</u> of a fox.
(토끼의 귀는 여우의 귀보다 더 길다)
(those는 ears를 가리키는 지시대명사이다)

---

1 Instead, it should be <u>that</u> of your inner self, the unfading beauty of a gentle and quiet spirit, which is of great worth in God's sight.

(벧전3:4)

직역 그 대신, 그것은 너희의 내적인 자신의 그것이 되어야 한다, 즉 부드럽고 조용한 영혼의 쇠퇴하지 않은 아름다움이다, 왜냐하면 그것은 하나님의 시각에서 볼 때에 매우 가치 있기 때문이다

핵심구조 지시대명사 that + of + 명사 your inner self

단어 및 숙어의 확장 〔명사〕 fading 쇠퇴, 감퇴 〔동사〕 fade 시들다, 사라지다, 쇠퇴하다, 색이 바래다 〔형용사〕 unfading 쇠퇴하지 않는, 불멸의

해설 ① that은 지시대명사로서 beauty를 나타낸다. 이 문장 자체로는 that이 어떤 것

을 대신하는 지시대명사인지 알 수 없다. 따라서 바로 앞 문장, 즉 베드로전서 3장 1절부터 3절까지 살펴봐야한다.

> 아내된 자들아 이와 같이 자기 남편에게 순복하라 이는 혹 도를 순종치 않는 자라도 말로 말미암지 않고 그 아내의 행위로 말미암아 구원을 얻게 하려 함이니 Wives, in the same way be submissive to your husbands so that, if any of them do not believe the word, they may be won over without words by the behavior of their wives, (벧전 3:1)
> 너희의 두려워하여 정결한 행위를 봄이라 ,when they see the purity and reverence of your lives. (벧전3:2)
> 너희 단장은 머리를 꾸미고 금을 차고 아름다운 옷을 입는 외모로 하지 말고 Your beauty should not come from outward adornment, such as braided hair and the wearing of gold jewelry and fine clothes. (벧전3:3)

따라서 벧전3:4에 나오는 지시대명사 that은 beauty를 의미한다. ② of + 추상명사 =형용사 / of worth=worthy / of + great worth=very worthy=매우 가치 있는

의역 오직 마음에 숨은 사람을 온유하고 안정(安靜)한 심열의 썩지 아니할 것으로 하라 이는 하나님 앞에 값진 것이니라

② 지시형용사 that

---

that + 명사 (that은 명사를 수식함) 〔형용사는 명사를 꾸며준다〕

예문1 He used <u>that</u> towel to wipe the disciples' feet.
(그는 제자들의 발을 닦아주기 위하여 그 수건을 사용하였다)
[that은 towel이라는 명사를 꾸며주는 지시형용사이다]

예문2 They followed <u>that</u> star a long way to find Jesus.
(그들은 예수를 찾기 위하여 긴 길을 그 별을 따라갔다)
[that은 star라는 명사를 꾸며주는 지시형용사이다]

예문3 Herod was the king at <u>that</u> time. (헤롯은 그 당시에 왕이었다)
[that은 time이라는 명사를 꾸며주는 지시형용사이다]

---

1 By these waters also the world of <u>that</u> time was deluged and destroyed.　(벧후3:6)

> **직역** 이 물에 의해서 그때 시대의 세상도 범람되고 파괴되었다
>
> **핵심구조** that + 명사 time
>
> **단어 및 숙어의 확장** 　동사　 deluge 대홍수, 범람시키다 / destroy 파괴(파기)하다, 훼손하다
>
> **해설** that은 명사 time을 꾸미기 때문에 지시형용사이다.
>
> **의역** 이로 말미암아 그 때 세상은 물의 넘침으로 멸망하였으되

2 However, if you suffer as a Christian, do not be ashamed, but praise God that you bear <u>that</u> name.　(벧전4:16)

> **직역** 그러나, 네가 기독교인으로서 고통을 겪더라도, 부끄러워하지 말고, 하나님을 찬양하라 네가 그 이름을 지니도록
>
> **핵심구조** that + 명사 name
>
> **단어 및 숙어의 확장** 　동사　 praise 찬양하다, 찬미하다 / bear 지니다 / suffer 고통을 겪다, 괴로워하다 　숙어　 be ashamed (of) 부끄러워하다, 수치스러워하다
>
> **해설** ① that은 명사 name을 꾸미기 때문에 지시형용사이다. ② God 다음에는 in order가 생략되었다. in order that = ~하기위하여
>
> **의역** 만일 그리스도인으로 고난을 받은즉 부끄러워 말고 도리어 그 이름으로 하나님께 영광을 돌리라

3 Now listen, you who say, "Today or tomorrow we will go to this or <u>that</u> city, spend a year there, carry on business and make money."　(약4:13)

> **직역** 자 들어라, 이렇게 말하는 너희들아, "오늘이나 내일 우리는 이 도시 혹은 저 도시로 가서, 거기서 일 년 보내면서, 사업을 해서 돈을 벌겠다"

that + 명사 city

단어 및 숙어의 확장 **숙어** make money 돈을 벌다 (=earn money) / carry on business (사업 따위를)경영하다

해설 that은 명사 city를 꾸며주기 때문에 지시형용사이다.

의역 들으라 너희 중에 말하기를 오늘이나 내일이나 우리가 아무 도시에 가서 거기서 일년을 유하며 장사하여 이를 보리라 하는 자들아

---

4 <u>That</u> man should not think he will receive anything from the Lord; he is a double-minded man, unstable in all he does. (약1:7-8)

직역 그 사람은 생각해서는 안 된다 그가 주님으로부터 어떤 것을 받을 것이라고. 왜냐하면 그는 이중적 마음을 지닌 사람이며, 그가 행하는 모든 일에서 불안정하기 때문이다

핵심구조 That + 명사 man

단어 및 숙어의 확장 **형용사** double-minded 두 마음을 가진, 결심을 못 하는 / stable 안정된, 견고한(unstable: 불안정한, 흔들거리는)

해설 ① That은 man이라는 명사를 꾸며주는 지시형용사이다. ② think와 he 사이에는 종속접속사 that이 생략돼 있다. ③ all과 he 사이에는 목적격관계대명사 that이 생략돼 있다. ④ semi-colon(;)은 because의 뜻이다.

의역 이런 사람은 무엇이든지 주께 얻기를 생각하지 말라 두 마음을 품어 모든 일에 정함이 없는 자로다

---

5 You ought to live holy and godly lives as you look forward to the day of God and speed its coming. <u>That</u> day will bring about the destruction of the heavens by fire, and the elements will melt in the heat. (벧후3:12)

직역 너희는 너희가 하나님의 날을 고대하고 그것의 다가옴을 서두를 때에 거룩하고 경건한 삶을 살아야 한다. 그 날은 불에 의해서 하늘의 파괴를 일으킬 것이며 구성요소들은 열기 속에서 녹아버릴 것이다

핵심구조 That + 명사 day

단어 및 숙어의 확장 [명사] destruction 파괴, 파멸 / elements (생물의)활동영역, 고유의 환경, 구성요소 [형용사] godly 경건한, 독실한. 신성한 [숙어] look forward to ~을 기대(고대)하다 / bring about 일으키다, 가져오다 / ought to=should=must ~해야 한다

해설 That은 명사 day를 꾸미기 때문에 지시형용사이다.

의역 거룩한 행실과 경건함으로 하나님의 날이 임하기를 바라보고 간절히 사모하라 그 날에 하늘이 불에 타서 풀어지고 체질이 뜨거운 불에 녹아지려니와

③ 지시부사 that

1) 지시부사는 형용사를 수식한다.

예문 That beautiful flower is a gardenia. (저 아름다운 꽃은 치자꽃이다)
(that은 beautiful이라는 형용사를 꾸민다)

2) 지시부사는 다른 부사를 수식한다.

예문 That very person is my fellow worker.
(바로 그 사람이 나의 동역자이다) (That은 very라는 부사를 꾸민다)

1 (for that righteous man, living among them day after day, was tormented in his righteous soul by the lawless deeds he saw and heard)

(벧후2:8)

직역 (왜냐하면 매일 그들 속에서 살고 있는 저 정의로운 사람이 그의 정의로운 영혼 속에서 괴롭힘을 당했기 때문이었다 그가 보고 들었던 무법적인 행위에 의해서)

핵심구조 that + 형용사 righteous

단어 및 숙어의 확장 [동사] torment 괴롭히다, 고문하다 / hear 듣다 (hear-heard-heard) / see 보다 (see-saw-seen) [형용사] righteous 공정한, 바른, 정의의 / lawless 비합법적인, 무법의, 법률에 어긋나는 [숙어] day after day 매일 (=day by day=daily=everyday)

해설 ① that은 형용사 righteous를 꾸며주기 때문에 지시부사이다. ② living은 that righteous man을 꾸미는 제한적 용법의 현재분사이다. ③ deeds와 he 사이에 목적격관계대명사 that이 생략돼 있다.

의역 (이 의인이 저희 중에 거하여 날마다 저 불법한 행실을 보고 들음으로 그 의로운 심령을 상하니라)

성경해설 righteous man은 아브라함의 조카 롯(Lot)을 의미한다.

---

④ 종속접속사 that이 들어간 문장

종요포인트

```
S + V + that + S + V
```

두 개의 문장, 1) John stated.(요한은 말했다) 2) Satan entered into Judas after he received the bread.(사단은 유다가 빵을 받은 후 유다에게 들어갔다)를 종속접속사 that을 연결해서 다음과 같이 한 개의 문장으로 만들 수 있다.

예문 John stated _that_ Satan entered into Judas after he received the bread.

이 때 that을 종속접속사라고 하고 that 이하의 문장은 전체동사 stated의 목적어가 된다. that 이하의 절을 명사절이라고 한다.

예문1 We knew _that_ Jesus was a great teacher from God.
(우리는 예수님이 하나님에게서 온 위대한 교사인 것을 알았다)
[that Jesus was a great teacher from God은 knew의 목적어가 되는 명사절이다]

예문2 Joseph understood <u>that</u> God was judge.

(요셉은 하나님이 심판관이라는 것을 이해하였다)

[that God was judge는 understood의 목적어가 되는 명사절이다]

예문3 To make sure <u>that</u> Jesus was really dead, the soldiers pierced His side with a spear. (예수님이 실제로 죽었는지를 확실하게 하기 위하여 군인들은 창으로 그의 옆구리를 찔렀다)

[that Jesus was really dead는 make sure의 목적어가 되는 명사절이다]

〈갈보리산 위에 있는 성전교회〉

1 You see <u>that</u> his faith and his actions were working together, and his faith was made complete by what he did. (약2:22)

직역 너는 안다 그의 믿음과 그의 행동이 함께 작용했다는 것을, 그리고 그의 믿음은 완성되었다는 것을 그가 행했던 것에 의해서

핵심구조 동사 see + that + 주어 his faith and his actions + 동사 were working
주어 his faith + 동사 was made

단어 및 숙어의 확장 형용사 complete 전부의, 완전한, 완벽한

해설 ① that의 앞에는 동사 see, that 다음에는 주어 his faith and his actions와 and

his faith, 동사 were working과 was made가 왔으므로 종속접속사이다. ② what
은 관계대명사로서 the thing which로 바꿀 수 있다.

의역 네가 보거니와 믿음이 그의 행함과 함께 일하고 행함으로 믿음이 온전케 되었
느니라

2 You see that a person is justified by what he does and not by faith
alone. (약2:24)

직역 너는 안다 사람이 믿음만으로가 아니라 그가 행한 것에 의해서 심판받는다는
것을

핵심구조 동사 see + that + 주어 a person + 동사 is justified

단어 및 숙어의 확장 동사 justify 심판하다, 판단하다 (be justified 심판받다)

해설 ① that의 앞에는 동사 see, that의 뒤에는 주어 a person, 동사 is justified가 왔
으므로 종속접속사이다. ② what은 관계대명사로서 the thing which로 바꿀 수
있다.

의역 이로 보건대 사람이 행함으로 의롭다 하심을 받고 믿음으로만 아니니라

3 Above all, you must understand that no prophecy of Scripture came
about by the prophet's own interpretation. (벧후1:20)

직역 무엇보다도, 너희는 이해해야 한다 성경의 그 어떤 예언도 예언자 자신의 해석
에 의해서 생긴 것이 없다는 것을

핵심구조 동사 understand + that + 주어 no prophecy of Scripture + 동사 came

단어 및 숙어의 확장 명사 prophecy 예언 / Scripture 성경 / interpretation 해석, 설명,
통역 숙어 above all 무엇보다도, 우선 / come about (일이)일어나다, 생기다

해설 that의 앞에 동사 understand, 뒤에 주어+동사가 왔으므로 종속접속사이다.

의역 먼저 알 것은 경(經)의 모든 예언은 사사로이 풀 것이 아니니

4 But if anyone does not have them, he is nearsighted and blind, and has forgotten <u>that</u> he has been cleansed from his past sins.

(벧후1:9)

> 직역 그러나 만약 누군가가 그들을 갖고 있지 않다면, 그는 근시안적이며 눈이 먼 것이고, 망각한 것이다 그가 그의 지나간 죄로부터 깨끗해졌다는 것을
>
> 핵심구조 동사 has forgotten + that + 주어 he + 동사 has been cleansed
>
> 단어 및 숙어의 확장 [동사] forget 망각하다, 잊다 (forget-forgot-forgotten) / cleanse 깨끗이 되다, 세척하다, 정화하다 [형용사] near-sighted 근시의, 근시안적인, 선견지명이 없는 / blind 눈이 먼, 장님의, 시각장애의 / past 지난, 과거의, 옛날의
>
> 해설 ① that 앞에 동사 has forgotten, 뒤에 주어+동사가 왔으므로 종속접속사이다.
>
> 의역 이런 것이 없는 자는 소경이라 원시(遠視)치 못하고 그의 옛 죄를 깨끗케 하심을 잊었느니라
>
> 성경해설 이 문장에서 them은 베드로후서1:3-8에 나타나 있다. them은 믿음(faith), 덕(goodness), 지식(knowledge), 절제(self-control), 인내(perseverance), 경건(godliness), 형제우애(brotherly kindness), 사랑(love)이다. 이런 것을 소유하는 자가 신의 성품에 참예하는 자이다(those who participate in the divine nature).

5 You believe <u>that</u> there is one God. Good! Even the demons believe that—and shudder.

(약2:19)

> 직역 너희는 믿는다 하나의 신이 있다는 것을. 좋다! 악마들조차도 그것을 믿는다—그리고 몸을 떤다
>
> 핵심구조 동사 believe + that + 유도부사 there + 동사 is + 주어 one God
>
> 단어 및 숙어의 확장 [동사] shudder (몸을)떨다, 전율하다, 몸서리치다
>
> 해설 ① that의 앞에는 동사 believe, that 다음에는 주어 one God + 동사 is가 왔으므로 종속접속사이다. there는 유도부사이다. ② 뒤에 오는 that은 지시대명사이다.
>
> 의역 네가 하나님은 한 분이신 줄을 믿느냐 잘하는도다 귀신들도 믿고 떠느니라

6 First of all, you must understand <u>that</u> in the last days scoffers will come, scoffing and following their own evil desires.　(벧후3:3)

> **직역** 우선, 너희는 이해해야 한다 마지막 날에 조소하는 사람들이 오리라는 것을, 그들 자신의 악한 욕망들을 비웃고 따르면서
>
> **핵심구조** 동사 understand + that + 주어 scoffers + 동사 will come
>
> **단어 및 숙어의 확장** [명사] scoffer 비웃는 사람, 조소하는 사람 [동사] scoff 비웃다, 조소하다, 조롱하다 [숙어] in the last days 마지막 때에, 마지막 날에 / first of all 우선, 맨 먼저
>
> **해설** ① that 앞에 동사 understand, 뒤에 주어+동사가 왔으므로 종속접속사이다. ② ,scoffing and following은 분사구문의 동시상황으로서 ,and scoff and follow로 바꿀 수 있다. ③ in the last days는 부사구이다.
>
> **의역** 먼저 이것을 알찌니 말세에 기롱(譏弄)하는 자들이 와서 자기의 정욕을 좇아 행하며 기롱하여

7 But rejoice <u>that</u> you participate in the sufferings of Christ, so that you may be overjoyed when his glory is revealed.　(벧전4:13)

> **직역** 그러나 기뻐하라 너희가 그리스도의 고난에 참여함을, 너희가 크게 기뻐할 수 있도록 그의 영광이 드러날 때에
>
> **핵심구조** 동사 rejoice + that + 주어 you + 동사 participate
>
> **단어 및 숙어의 확장** [동사] reveal 밝히다, 드러내다, 보여주다, 알리다 / overjoy 몹시 기뻐하다, 크게 기뻐하다 / rejoice 기뻐하다, 환호하다 [숙어] participate in (=take part in) 참여하다
>
> **해설** ① that 앞에 동사 rejoice, 뒤에 주어+동사가 왔으므로 종속접속사이다. ② so that + 주어 you + may + 동사원형 be ～하도록, ～하기 위하여
>
> **의역** 오직 너희가 그리스도의 고난에 참예하는 것으로 즐거워하라 이는 그의 영광을 나타내실 때에 너희로 즐거워하고 기뻐하게 하려 함이라

〈주님승천교회〉

8 Not many of you should presume to be teachers, my brothers, because you know <u>that</u> we who teach will be judged more strictly.

(약3:1)

직역 나의 형제들아, 너희 중에 많은 이가 선생이라고 생각해서는 안 된다, 왜냐하면 너희는 알기 때문이다 가르치는 우리가 더 엄격하게 심판받으리라는 것을

핵심구조 동사 know + that + 주어 we + 동사 will be judged

단어 및 숙어의 확장 동사 presume ~을 추정하다, 상상하다, ~하리라고 생각하다, 여기다 / judge 심판하다 (be judged 심판받다) 부사 strictly 엄격하게, 엄하게

해설 that 앞에 동사 know, 뒤에 주어 we, 동사 will be judged가 왔으므로 종속접속사 이다.

의역 내 형제들아 너희는 선생 된 우리가 더 큰 심판 받을 줄을 알고 많이 선생이 되지 말라

---

9 Elijah was a man just like us. He prayed earnestly <u>that</u> it would not rain, and it did not rain on the land for three and a half years.

(약5:17)

〈로뎀나무〉

직역 엘리야는 바로 우리와 같은 사람이었다. 그가 비가 내리지 않게 해달라고 열심히 기도하였더니, 3년 반 동안 그 땅 위에 비가 내리지 않았다

핵심구조 동사 prayed + that + 주어 it + 동사 would not rain

단어 및 숙어의 확장 부사 earnestly 열렬히, 열심히 전치사 like ~처럼

해설 ① prayed 다음의 that은 종속접속사이다. ② it은 날씨를 나타내는 비인칭주어로서 해석하지 않는다.

의역 엘리야는 우리와 성정(性情)이 같은 사람이로되 저가 비 오지 않기를 간절히 기도한즉 삼 년 육 개월 동안 땅에 비가 아니 오고

---

10 But they deliberately forget <u>that</u> long ago by God's word the heavens existed and the earth was formed out of water and by water. (벧후3:5)

직역 그러나 그들은 고의로 잊어버린다 오래 전에 하나님의 말씀에 의해서 하늘이 존재하였으며 땅은 물로부터 그리고 물에 의해서 형성되었다는 것을

핵심구조 동사 forget + that + 주어 the heavens + 동사 existed
주어 the earth + 동사 was formed

> 단어 및 숙어의 확장 　동사　exist 존재하다　부사　deliberately 의도적으로, 고의로
> 숙어　long ago 오래 전에

> 해설　that 앞에 동사 forget, 뒤에 주어+동사가 왔으므로 종속접속사이다.

> 의역　이는 하늘이 옛적부터 있는 것과 땅이 물에서 나와 물로 성립한 것도 하나님의 말씀으로 된 것을 저희가 부러 잊으려 함이로다

11 Bear in mind <u>that</u> our Lord's patience means salvation, just as our dear brother Paul also wrote you with the wisdom that God gave him.

(벧후3:15)

> 직역　명심해라 우리 주님의 인내심이 구원을 의미한다는 것을, 마치 우리의 사랑하는 형제 바울도 너희에게 편지썼던 것처럼 하나님이 그에게 주셨던 지혜로

> 핵심구조　동사 bear + that + 주어 our Lord's patience + 동사 means

> 단어 및 숙어의 확장　명사　patience 참을성, 인내심 / salvation 구원, 구제　동사　write 쓰다 (write-wrote-written) / mean 의미하다 / give 주다 (give-gave-given)　숙어　bear in mind 명심하다

> 해설　① that의 앞에는 동사 bear, that 뒤에는 주어 our Lord's patience, 동사 means 가 왔으므로 종속접속사이다. ② God의 앞에 있는 that은 목적격관계대명사이다.

> 의역　또 우리 주의 오래 참으심이 구원이 될 줄로 여기라 우리 사랑하는 형제 바울도 그 받은 지혜대로 너희에게 이같이 썼고

12 Resist him, standing firm in the faith, because you know <u>that</u> your brother throughout the world are undergoing the same kind of sufferings.

(벧전5:9)

> 직역　그에게 저항해라, 믿음으로 확고한 상태가 되어, 왜냐하면 너희는 알기 때문이다 세상을 통하여 너희의 형제가 똑같은 종류의 고통을 겪고 있다는 것을

> 핵심구조　동사 know + that + 주어 your brother + 동사 are undergoing

> 단어 및 숙어의 확장　동사　resist ~에 저항하다, 격퇴하다 / stand (상태)~이다 /

undergo (영향)받다, 입다 (시련)경험하다, 겪다, 당하다 [형용사] firm 굳은, 단단한, 견고한, 확고한

[해설] ① that 앞에 동사 know, 뒤에 주어+동사가 왔으므로 종속접속사이다.
② standing은 분사구문의 동시상황으로서 and stand로 바꿀 수 있다.

[의역] 너희는 믿음을 굳게 하여 저를 대적하라 이는 세상에 있는 너희 형제들도 동일한 고난을 당하는 줄을 앎이니라

[성경해설] him은 Your enemy, the devil을 가리킨다 (벧전5:8)

---

13 Like newborn babies, crave pure spiritual milk, so that by it you may grow up in your salvation, now that you have tasted <u>that</u> the Lord is good. (벧전2:2-3)

[직역] 새로 태어난 아기들처럼, 순수하고 영적인 우유를 갈망해라, 그것에 의해서 너희가 성장해서 구원받을 수 있도록, 너희가 주님이 좋다는 것을 맛보았기 때문에

[핵심구조] 동사 have tasted + that + 주어 the Lord + 동사 is

[단어 및 숙어의 확장] [명사] salvation 구원, 구조 [동사] taste 맛보다 / crave 열망(갈망)하다, 간절히 원하다 [형용사] newborn 새로 태어난 / spiritual 영혼의, 영적인, 정신적인 / pure 순수한 [숙어] grow up 자라다, 성장하다 / now that=since=~이니까

[해설] ① that 앞에 동사 have tasted, 뒤에 주어+동사가 왔으므로 종속접속사이다. ② now that은 since(=because)와 같다. ③ so that + 주어 you + may + 동사원형 grow: ~하기 위해서

[의역] 갓난아이들과 같이 순전(純全)하고 신령한 젖을 사모하라 이는 이로 말미암아 너희로 구원에 이르도록 자라게 하려 함이라 너희가 주의 인자하심을 맛보았으면 그리하라

---

14 Consider it pure joy, my brothers, whenever you face trials of many kinds, because you know <u>that</u> the testing of your faith develops perseverance. (약1:2-3)

[직역] 나의 형제들아, 그것을 순수한 기쁨으로 여겨라 너희가 많은 종류의 시련에

부딪칠 때마다. 너희가 알기 때문이다 너희의 믿음의 시험이 인내를 신장시킨
다는 것을.

핵심구조 동사 know + that + 주어 the testing of your faith + 동사 develops

단어 및 숙어의 확장 **명사** trial 시련, 시험 / kind(s) 종류 / perseverance 인내(력), 참을
성 **동사** face 부딪치다, 직면하다 / persevere 참다, 인내하다 / consider 여기다,
고려하다, 간주하다

해설 ① that은 앞에 동사 know, 뒤에 주어+동사가 왔으므로 종속접속사이다.
② whenever는 복합관계부사로서 '~할 때마다'의 뜻이다.

의역 내 형제들아 너희가 여러 가지 시험을 만나거든 온전히 기쁘게 여기라 이는
너희 믿음의 시련이 인내를 만들어내는 줄 너희가 앎이라

〈그리스: 메테오라 수도원〉

15 You adulterous people, don't you know <u>that</u> friendship with the
world is hatred toward God? Anyone who chooses to be a friend
of the world becomes an enemy of God.   (약4:4)

직역 너희 부정한 사람들아, 너희는 모르느냐? 세상과의 우정이 하나님을 향한 증오
라는 것을? 세상의 친구가 되기로 선택한 자는 누구라도 하나님의 적이 된다

핵심구조 동사 know + that + 주어 friendship + 동사 is

단어 및 숙어의 확장 명사 hatred 증오, 혐오,미워함/ enemy 적, 적군, 원수 동사 choose 선택하다 (choose-chose-chosen) 형용사 adulterous 불륜의, 간통의, 부정한 (adult 성인, 어른)

해설 ① that의 앞에 동사 know, 뒤에는 주어+동사가 왔으므로 종속접속사이다. ② You와 adulterous people은 동격이다.

의역 간음하는 여자들이여 세상과 벗된 것이 하나님의 원수임을 알지 못하느뇨 그런 즉 누구든지 세상과 벗이 되고자 하는 자는 스스로 하나님과 원수 되게 하는 것이니라

16 With the help of Silas, whom I regard as a faithful brother, I have written to you briefly, encouraging you and testifying that this is the true grace of God. Stand fast in it.

(벧전5:12)

직역 사일러스의 도움으로, 나는 그를 충성스러운 형제로 여기는데, 나는 너희에게 간략하게 편지를 써왔다, 너희를 격려하고 이것이 하나님의 진실한 은혜임을 증명하면서. 그 안에 굳게 서라

핵심구조 동사 encourage and testify + that + 주어 this + 동사 is

단어 및 숙어의 확장 동사 testify 증거하다, 간증하다 / write 쓰다 (write-wrote-written) / encourage 격려하다, 사기를 북돋다 부사 briefly 간략하게 말하면, 간단하게 / fast 굳게, 꽉 숙어 regard A as B: A를 B로 간주하다, 여기다

해설 ① that은 앞에 동사 encourage and testify, 뒤에 주어+동사가 왔으므로 종속접속사이다. ② ,whom은 관계대명사의 계속적 용법으로서 접속사+대명사로 바꾸면 and him이 된다. ③ ,encouraging and testifying은 분사구문의 동시상황으로서 and encourage and testify로 바꿀 수 있다.

의역 내가 신실한 형제로 아는 실루아노로 말미암아 너희에게 간단히 써서 권하고 이것이 하나님의 참된 은혜임을 증거하노니 너희는 이 은혜에 굳게 서라

17 Or do you think Scripture says without reason that the spirit he caused to live in us envies intensely?

(약4:5)

직역 그가 우리 안에 살도록 했던 성령이 매우 시기한다는 것을 성경이 이유 없이 말한다고 생각하느냐?

핵심구조 동사 says + that + 주어 the spirit + 동사 envies

단어 및 숙어의 확장 [명사] Scripture 성경, 성서, 경전 [동사] envy 부러워하다, 질투하다 / cause + o + to R = ~로 하여금 …하게 하다 [부사] intensely 격렬히, 강렬하게, 열심히

해설 ① that은 앞에 동사 says, 뒤에 주어+동사가 왔으므로 종속접속사이다. ② think와 Scripture 사이에 종속접속사 that이 생략돼 있다. ③ spirit과 he 사이에 목적격관계대명사 that이 생략돼 있다.

의역 너희가 하나님이 우리 속에 거하게 하신 성령이 시기하기까지 사모한다 하신 말씀을 헛된 줄로 생각하느뇨

---

18 ,because I know <u>that</u> I will soon put it aside, as our Lord Jesus Christ has made clear to me.　　　　　　　(벧후1:14)

직역 왜냐하면 나는 알기 때문이다 내가 곧 그것을 치울 것을, 우리 주님 예수 그리스도께서 나에게 분명하게 하셨던 것처럼

핵심구조 동사 know + that + 주어 I + 동사 will put

단어 및 숙어의 확장 [동사] make 만들다 (make-made-made) [숙어] put aside 제쳐놓다, 치우다, 제거하다, ~을 따로 남겨두다

해설 that은 앞에 동사 know, 뒤에 주어+동사가 왔으므로 종속접속사이다.

의역 이는 우리 주 예수 그리스도께서 내게 지시하신 것같이 나도 이 장막을 벗어날 것이 임박한 줄을 앎이라

---

19 And I will make every effort to see <u>that</u> after my departure you will always be able to remember these things.　　　　　　　(벧후1:15)

직역 나는 매번 노력할 것이다 나의 출발 이후 너희가 항상 이러한 것들을 기억할 수 있는지를 알아보기 위하여

20 For you know <u>that</u> it was not with perishable things such as silver or gold that you were redeemed from the empty way of life handed down to you from your forefathers, but with the precious blood of Christ, a lamb without blemish or defect. (벧전1:18-19)

직역 왜냐하면 너희는 알기 때문이다 너희가 너희 조상으로부터 너희에게 전해온 삶의 텅 빈 방식에서 구속된 것은 은이나 금과 같은 썩기 쉬운 것들로 인한 것이 아니라, 흠이나 오점 없는 어린 양, 즉 그리스도의 소중한 피로 인한 것임을

핵심구조 동사 know + that + 주어 it + 동사 was

단어 및 숙어의 확장 명사 forefathers (pl) 조상, 선조 / blemish 흠, 오점, 결점 / defect 결점, 결함, 단점, 흠, 약점 동사 redeem 구속하다, 속죄하다 (redeem a person from sin: 죄에서 사람을 구하다) 형용사 perishable 썩기 쉬운, 말라 죽는, 죽을 운명의 / precious 귀중한, 소중한, 가치 있는 숙어 hand down (후세에)전하다 (to), 유산으로 남기다

해설 ① that은 앞에 동사 know, 뒤에 주어+동사가 왔으므로 종속접속사이다. ② It...that 강조구문으로서 but with the precious blood of Christ, a lamb without blemish or defect.가 강조돼 있다. ③ empty way of life와 handed 사이에 주격관계대명사 that과 was가 생략돼 있다.

의역 너희가 알거니와 너희 조상의 유전한 망령된 행실에서 구속(救贖)된 것은 은이나 금같이 없어질 것으로 한 것이 아니요 오직 흠 없고 점 없는 어린 양 같은 그리스도의 보배로운 피로 한 것이니라

5 종속접속사 that이 생략된 문장

$$S + V + (that) + S + V$$

종속접속사 that은 생략할 수 있다.

예문1 Yerang knew ✓ Jongho was good. (예랑이는 알고 있었다 종호가 착하다는 것을)

예문2 Jesus knew ✓ the man wanted to walk.
(예수님은 알고 계셨다 그 사람이 걷기 원한다는 것을)

예문3 Do you believe ✓ Jesus died on the cross because of your sins?
(당신은 믿습니까 당신의 죄 때문에 예수님이 십자가에서 돌아가신 것을?)

예문4 Make sure ✓ the belt is not slack or twisted.
(확인하시오 벨트가 느슨하거나 엉키지 않았는지)

---

1 I think ✓ it is right to refresh your memory as long as I live in the tent of this body,

(벧후1:13)

직역 나는 생각한다 너희의 기억을 새롭게 하는 것이 옳다고 내가 이 몸의 장막 안에 살고 있는 한

핵심구조 동사 think + (that) + (가)주어 it + 동사 is

단어 및 숙어의 확장 **동사** refresh 상쾌하게 하다, 재충전하다, 새롭게 하다, 되살리다
숙어 as long as ~하는 한

해설 ① think와 it 사이에 종속접속사 that이 생략돼 있다. ② it은 가주어, to refresh는 진주어이다.

의역 내가 이 장막에 있을 동안에 너희를 일깨워 생각하게 함이 옳은 줄로 여기노니

2 Or do you think ✓ Scripture says without reason that the spirit he caused to live in us envies intensely? (약4:5)

> **직역** 그가 우리 안에 살도록 했던 성령이 매우 시기한다는 것을 성경이 이유 없이 말한다고 생각하느냐?
>
> **핵심구조** 동사 think + (that) + 주어 Scripture + 동사 says
>
> **단어 및 숙어의 확장** 명사 Scripture 성경, 성서, 경전 동사 envy 부러워하다, 질투하다 / cause + o + to R = ~로 하여금 …하게 하다 부사 intensely 격렬히, 강렬하게, 열심히
>
> **해설** ① think와 Scripture 사이에 종속접속사 that이 생략돼 있다. ② reason 다음에 오는 that은 종속접속사이다. ③ spirit과 he 사이에 목적격관계대명사 that이 생략돼 있다.
>
> **의역** 너희가 하나님이 우리 속에 거하게 하신 성령이 시기하기까지 사모한다 하신 말씀을 헛된 줄로 생각하느뇨

3 That man should not think ✓ he will receive anything from the Lord; he is a double-minded man, unstable in all he does. (약1:7-8)

> **직역** 그 사람은 생각해서는 안 된다 그가 주님으로부터 어떤 것을 받으리라고: 그는 이중적 마음을 지닌 사람이며, 그가 행하는 모든 일에서 안정적이지 않기 때문이다.
>
> **단어 및 숙어의 확장** 형용사 double-minded 두 마음을 가진, 결심을 못 하는 / stable 안정된, 견고한(unstable: 불안정한, 흔들거리는)
>
> **해설** ① think와 he 사이에는 종속접속사 that이 생략돼 있다. ② That은 man이라는 명사를 꾸며주는 지시형용사이다. ③ all과 he 사이에는 목적격관계대명사 that이 생략돼 있다.
>
> **의역** 이런 사람은 무엇이든지 주께 얻기를 생각하지 말라 두 마음을 품어 모든 일에 정함이 없는 자로다

⑥ 관계대명사 that이 들어간 문장

1) 관계대명사 바로 뒤에 '주어+동사'가 오면 그 관계대명사는 목적격이고, '동사'가 오면 주격이다.
2) 목적격관계대명사를 생략할 수 있다
3) 주격관계대명사 바로 뒤에 be동사가 오면 주격관계대명사와 be동사를 함께 생략할 수 있다.
4) 주격관계대명사 바로 뒤에 일반동사가 올 경우 주격관계대명사를 생략할 수 없다.

> 1. 목적격관계대명사 + S + V
> 2. (목적격관계대명사) + S + V
> 3. (주격관계대명사 + be동사) + p.p.
> 4. 주격관계대명사 + 일반동사

목적격관계대명사

> N + 관계대명사 + S + V

관계대명사 다음에 주어(S)+동사(V)가 오면 그 관계대명사는 목적격이다.

예문1 Give us the food <u>that</u> we need today.
(오늘 우리가 필요한 음식을 주세요)
[선행사인 명사는 the food, 관계대명사는 that인데 that 다음에 주어+동사가 왔으므로 목적격관계대명사이다]

예문2 The church people shared food and everything else <u>that</u> they had.
(교인들은 가지고 있는 음식과 모든 것을 나누었다)
[선행사는 food and everything, that은 목적격관계대명사이다]

1 However, if you suffer as a Christian, do not be ashamed, but praise God that you bear that name.

(벧전4:16)

> **직역** 그러나, 만약 네가 기독교인으로서 고통을 겪더라도, 부끄러워하지 말고, 하나님을 찬양하라 네가 그 이름을 지니도록
>
> **핵심구조** 명사 God + that + 주어 you + 동사 bear
>
> **단어 및 숙어의 확장** **동사** bear 지니다, 확인하다, 증명하다, 입증하다, 지지하다
>
> **해설** ① God 다음에 in order 가 생략되었다. in order that + s + v = ~하기 위하여
> ② name 앞에 있는 that은 지시형용사이다.
>
> **의역** 만일 그리스도인으로 고난을 받은즉 부끄러워 말고 도리어 그 이름으로 하나님께 영광을 돌리라

2 Bear in mind that our Lord's patience means salvation, just as our dear brother Paul also wrote you with the wisdom that God gave him.

(벧후3:15)

> **직역** 명심해라 우리 주님의 인내심이 구원을 의미한다는 것을, 마치 우리의 사랑하는 형제 바울도 너희에게 편지썼던 것처럼 하나님이 그에게 주셨던 지혜로
>
> **핵심구조** 명사 wisdom + that + 주어 God + 동사 gave
>
> **단어 및 숙어의 확장** **명사** patience 참을성, 인내심 / salvation 구원, 구제 **동사** write 쓰다 (write-wrote-written) / mean 의미하다 / give 주다 (give-gave-given) **숙어** bear in mind 명심하다
>
> **해설** ① that은 앞에는 명사, 뒤에는 주어+동사가 왔으므로 목적격관계대명사이다.
> ② Bear in mind 다음의 that은 종속접속사이다.
>
> **의역** 또 우리 주의 오래 참으심이 구원이 될 줄로 여기라 우리 사랑하는 형제 바울도 그 받은 지혜대로 너희에게 이같이 썼고

3 Blessed is the man who perseveres under trial, because when he has stood the test, he will receive the crown of life that God has promised to those who love him.

(약1:12)

직역 복되도다, 시련 아래에서 인내하는 사람은, 왜냐하면 그가 그 시험을 견뎌내었을 때, 그는 생명의 면류관을 받을 것이기 때문이다 하나님이 그를 사랑하는 자들에게 약속하셨던

핵심구조 명사 the crown of life + that + 주어 God + 동사 has promised

단어 및 숙어의 확장 명사 trial 시련, 고난, 재난 동사 bless 축복하다 (be blessed 축복받다) / persevere 인내하다, 견뎌내다 / stand 견디다, 참다 (stand-stood-stood) / promise 약속하다

해설 ① that은 앞에는 명사, 뒤에는 주어+동사가 왔으므로 목적격관계대명사이다. ② 보어 Blessed가 문장의 앞에 왔다. 원래의 문장으로 바꾸면, The man who perseveres under trial is blessed가 된다. ③ those 다음에는 people이 생략돼 있다.

의역 시험을 참는 자는 복이 있도다 이것에 옳다 인정하심을 받은 후에 주께서 자기를 사랑하는 자들에게 약속하신 생명의 면류관을 얻을 것임이니라

---

4 Religion that God our Father accepts as pure and faultless is this: to look after orphans and widows in their distress and to keep oneself from being polluted by the world. (약1:27)

직역 우리 아버지 하나님이 순수하고 흠 없이 받아들인 종교란 이것이다. 즉 고통 중에 있는 고아들과 과부들을 돌보는 것과 자신을 세상에 의해서 오염되지 않게 하는 것이다

핵심구조 명사 Religion + that + 주어 God our Father + 동사 accepts

단어 및 숙어의 확장 명사 orphan 고아 / widow 과부, 미망인 / distress 고민, 걱정, 비탄, 고통, 곤궁 동사 pollute 오염하다 (be polluted 오염되다) 형용사 faultless 흠 없는 (↔fault 잘못, 과실, 과오, 허물) 숙어 look after 돌보다, 보살피다 (=take care of) / keep + O + from +~ing: O가 ~하는 것을 막다, 못하게 하다 (예문: Rain kept me from going there. 직역 비는 나로 하여금 거기에 가는 것을 막았다 의역 비가 와서 나는 거기에 못 갔다)

해설 that은 앞에는 명사, 뒤에는 주어+동사가 왔으므로 목적격관계대명사이다.

의역 하나님 아버지 앞에서 정결하고 더러움이 없는 경건은 곧 고아와 과부를 그 환난 중에 돌아보고 또 자기를 지켜 세속에 물들지 아니하는 이것이니라

〈이스라엘: 바니아스 폭포(Banias)〉

베드로가 '주는 그리스도시요 살아계신 하나님의 아들이시니이다'(마 16:16)라고
신앙을 고백한 장소인 가이사랴 빌립보. 현재의 이름은 '바니아스' 이다.

---

5 My dear brothers, take note of this: Everyone should be quick to
listen, slow to speak and slow to become angry, for man's anger
does not bring about the righteous life <u>that</u> God desires.

(약1:19-20)

> **직역** 나의 사랑하는 형제들아, 이것을 주의해라. 즉 모든 사람은 듣기에는 빠르게
> 해야 하고, 말하기에는 천천히 하며 화내는 일을 천천히 해야 한다, 왜냐하면
> 인간의 분노는 하나님이 바라시는 정의로운 삶을 가져오지 않기 때문이다
>
> **핵심구조** 명사 life + that + 주어 God + 동사 desires
>
> **단어 및 숙어의 확장** 명사 anger 화, 분노 형용사 righteous 정의로운 / angry 화난, 분
> 노한 숙어 take note of ~에 주의(주목)하다 / bring about 일으키다, 가져오다
>
> **해설** that은 앞에는 명사, 뒤에는 주어+동사가 왔으므로 목적격관계대명사이다.

의역 내 사랑하는 형제들아 너희가 알거니와 사람마다 듣기는 속히 하고 말하기는 더디하며 성내기도 더디 하라 사람의 성내는 것이 하나님의 의를 이루지 못함이니라

6 But in your hearts set apart Christ as Lord. Always be prepared to give an answer to everyone who asks you to give the reason for the hope <u>that</u> you have. But do this with gentleness and respect, keeping a clear conscience, so that those who speak maliciously against your good behavior in Christ may be ashamed of their slander.

(벧전3:15-16)

직역 그러나 너희의 마음속에서 그리스도를 주님으로 구별해놓아라. 항상 대답할 준비를 해라 너희가 가지고 있는 희망에 대한 이유를 대라고 너희에게 요청하는 모든 이에게. 그러나 이것을 온화하고 존경스럽게 행하라, 분명한 양심을 지니면서, 그리스도 안에서 너희의 선한 행실에 대하여 악의를 지니고 말하는 사람들이 그들의 중상모략을 부끄러워할 수 있도록

핵심구조 명사 hope + that + 주어 you + 동사 have

단어 및 숙어의 확장 [명사] slander 중상(하다), 욕 / behavior 행동, 행위, 태도, 행실 / conscience 양심, 도덕심, 의식 / gentleness 온화함, 관대함 [부사] maliciously 악의를 가지고, 심술궂게 [숙어] set apart 구별하다, 따로 떼어두다 / be ashamed of 부끄러워하다, 수치스럽게 여기다

해설 ① that은 앞에 명사, 뒤에는 주어+동사가 왔으므로 목적격관계대명사이다.
② with + 추상명사 gentleness=부사 gently, with + 추상명사 respect=respectfully
③ ,keep은 분사구문의 동시상황으로서 ,and keep으로 바꿀 수 있다. ④ so that + 주어 those + may + be ashamed=~ 하기 위하여

의역 너희 마음에 그리스도를 주로 삼아 거룩하게 하고 너희 속에 있는 소망에 관한 이유를 묻는 자에게는 대답할 것을 항상 예비하되 온유와 두려움으로 하고 선한 양심을 가지라 이는 그리스도 안에 있는 너희의 선행을 욕하는 자들로 그 비방하는 일에 부끄러움을 당하게 하려 함이라

7 관계대명사 that이 생략된 문장

7-1. 목적격관계대명사의 생략

목적격관계대명사는 생략할 수 있다

$$\boxed{\text{N + (that) + S + V}}$$

■ 목적격관계대명사의 생략의 예

목적격관계대명사 다음에는 반드시 S와 V가 온다. 이 때 목적격관계대명사 that은 생략될 수 있다. that 대신에 which가 올 경우도 있는데 이 때 which도 목적격이므로 생략될 수 있다. 그러나 선행사 바로 앞에 서수, 최상급, the only, the very, all, no, the same 등이 올 때는 반드시 관계대명사 that을 사용해야만 한다.

예문1 All ✓ Mary could do was to say, "I have seen the Lord."
(마리아가 할 수 있는 모든 것은 "내가 주님을 뵈었다"라고 말하는 것이었다)
[all과 Mary 사이에 목적격관계대명사 that이 생략됐다]

예문2 The people did not understand the kind of salvation ✓ Jesus was bringing. (사람들은 예수님이 가져 온 종류의 구원을 이해하지 않았다)
[salvation과 Jesus 사이에 목적격관계대명사 that이 생략됐다]

예문3 She wants to spread the joy ✓ she has found in Jesus.
(그녀는 예수님에게서 찾았던 기쁨을 확산시키고 싶어한다)
[joy와 she 사이에 목적격관계대명사 that이 생략됐다]

예문4 They joyfully told everyone about the things ✓ they had seen and heard.
(그들은 본 것과 들은 것들에 대해서 모든 사람에게 즐겁게 말했다)
[things와 they 사이에는 목적격관계대명사 that이 생략됐다]

예문5 The natural soap Clean Skin Mythos ✓ you selected contains olive oil extracts, red wine and grape seeds.
(당신이 선택한 자연비누 Clean Skin Mythos에는 올리브 오일 추출물, 붉은색 포도주와 포도씨가 포함돼 있습니다)
Mythos와 you 사이에는 목적격관계대명사 that(또는 which)이 생략돼 있다

1 As obedient children, do not conform to the evil desires ✓ you had when you lived in ignorance. (벧전1:14)

직역 순종하는 아이들처럼, 너희가 무지(無知) 하게 살았을 때 지녔던 악한 욕망을 따르지 마라

핵심구조 명사 evil desires + (that) + 주어 you + 동사 had

단어 및 숙어의 확장 **명사** ignorance 무지, 무학, 모름 **동사** conform 적합(순응)시키다, 따르게 하다 (to) **형용사** obedient 복종하는, 순종하는 **숙어** 전치사 + 추상 명사 = 부사구 in ignorance = ignorantly = 무식하게, 모르고

해설 evil desires와 you 사이에 목적격관계대명사 that이 생략돼 있다.

의역 너희가 순종하는 자식처럼 이전 알지 못할 때에 좇던 너희 사욕을 본 삼지 말고

2 He chose to give us birth through the word of truth, that we might be a kind of firstfruits of all ✓ he created. (약1:18)

직역 그는 진리의 말씀을 통해서 우리를 낳기를 선택하셨다, 우리가 그가 창조하신 모든 것의 일종의 첫열매가 되게 하기 위하여

핵심구조 명사 all + (that) + 주어 he + 동사 created

단어 및 숙어의 확장 **동사** choose 선택하다 (choose-chose-chosen) / might: may의 과거형 / create 창조하다, 만들다 **명사** firstfruit 첫 열매 / kind 종류 **숙어** give birth (to) ~을 낳다, ~을 생겨나게하다

해설 ① all과 he 사이에 목적격관계대명사 that이 생략돼 있다. ② truth 다음에 오는 that 앞에 so가 생략돼 있다.

의역 그가 그 조물 중에 우리로 한 첫 열매가 되게 하시려고 자기의 뜻을 좇아 진리의 말씀으로 우리를 낳으셨느니라

3 Or do you think Scripture says without reason that the spirit ✓ he caused to live in us envies intensely? (약4:5)

직역 혹은 너희는 생각하느냐? 성경이 이유 없이 말한다고? 우리 안에 살도록 그가

초래했던 성령이 강렬하게 시기한다는 것을?

핵심구조 명사 spirit + (that) + 주어 he + 동사 caused to live

단어 및 숙어의 확장 **명사** Scripture 성경, 성서, 경전 **동사** envy 부러워하다, 질투하다 / cause 일으키다, 초래하다, 발생(야기)하다 **부사** intensely 격렬히, 강렬하게, 열심히

해설 ① spirit과 he 사이에 목적격관계대명사 that이 생략돼 있다. ② reason 다음에 오는 that은 종속접속사이다. ③ think와 Scripture 사이에 종속접속사 that이 생략돼 있다.

의역 너희가 하나님이 우리 속에 거하게 하신 성령이 시기하기까지 사모한다 하신 말씀을 헛된 줄로 생각하느뇨

---

4 But just as he who called you is holy, so be holy in all ✓ you do; for it is written "Be holy, because I am holy." (벧전1:15-16)

직역 그러나 너희를 불렀던 그가 거룩한 것처럼, 너희가 행하는 모든 일에서 거룩해라. 왜냐하면 "거룩해라, 내가 거룩하기 때문이다"라고 쓰여 있기 때문이다

핵심구조 명사 all + (that) + 주어 you + 동사 do

단어 및 숙어의 확장 **동사** write 쓰다 (write-wrote-written)

해설 ① all과 you 사이에 목적격관계대명사 that이 생략돼 있다. ② as~so…: ~하듯이…하다.

의역 오직 너희를 부르신 거룩한 자처럼 너희도 모든 행실에 거룩한 자가 되라 기록하였으되 내가 거룩하니 너희도 거룩할찌어다 하셨느니라

---

5 So I will always remind you of these things, even though you know them and are firmly established in the truth ✓ you now have. (벧후1:12)

직역 그래서 나는 항상 너희에게 이러한 것들을 상기시킬 것이다, 비록 너희가 그들을 알고 지금 너희가 가지고 있는 진리 안에서 확고하게 설립될지라도

핵심구조 명사 truth + (that) + 주어 you + 동사 have

단어 및 숙어의 확장 동사 establish 설립(수립, 확립)하다 / remind 상기시키다, 기억 나게하다 부사 firmly 확고하게, 강하게, 자신 있게 숙어 remind A of B: A는 B를 상기시킨다 / even though=even if=though=although=비록～일지라도

해설 truth와 you 사이에 목적격관계대명사 that이 생략돼 있다.

의역 이러므로 너희가 이것을 알고 이미 있는 진리에 섰으나 내가 항상 너희로 생각 하게 하려 하노라

---

6 That man should not think he will receive anything from the Lord; he is a double-minded man, unstable in all ✓ he does.　(약1:7-8)

직역 그 사람은 생각해서는 안 된다 그가 주님으로부터 어떤 것을 받으리라고. 그는 이중적 마음을 지닌 사람이며, 그가 행하는 모든 일에서 안정적이지 않기 때문 이다.

핵심구조 명사 all + (that) + 주어 he + 동사 does

단어 및 숙어의 확장 형용사 double-minded 두 마음을 가진, 결심을 못 하는 / stable 안 정된, 견고한(unstable: 불안정한, 흔들거리는)

해설 ① all과 he 사이에는 목적격관계대명사 that이 생략돼 있다. ③ That은 man이라 는 명사를 꾸며주는 지시형용사이다. ② think와 he 사이에는 종속접속사 that이 생략돼 있다.

의역 이런 사람은 무엇이든지 주께 얻기를 생각하지 말라 두 마음을 품어 모든 일에 정함이 없는 자로다

---

7 Dear friends, do not be surprised at the painful trial ✓ you are suffering, as though something strange were happening to you.

(벧전4:12)

직역 사랑하는 친구들아, 놀라지 마라 너희가 겪고 있는 고통스러운 시련에 , 마치 이상한 것이 너희에게 일어나고 있는 것처럼

핵심구조 명사 trial + (that) + 주어 you + 동사 are suffering

명사 trial 시험, 시련, 재판 동사 suffer 고통을 겪다 형용사
painful 고통스러운 숙어 be surprised at ~에 놀라다

해설 ① trial과 you 사이에 목적격관계대명사 that이 생략돼 있다. ② as though는 as
if와 같은 뜻으로서 '마치~인 것처럼' as if 나 as though 다음에는 주어 다음에
be동사의 경우 반드시 were를 써야 한다. (일반동사의 경우에는 그 일반동사의
과거형을 쓴다)

의역 사랑하는 자들아 너희를 시련하려고 오는 불 시험을 이상한 일 당하는 것같이
이상히 여기지말고

---

8 (for that righteous man, living among them day after day, was
tormented in his righteous soul by the lawless deeds ✓ he saw and
heard)—(벧후2:8)

직역 (왜냐하면 매일 그들 속에서 살고 있는 저 정의로운 사람이 그의 정의로운 영혼
속에서 괴롭힘을 당했기 때문이었다 그가 보고 들었던 무법적인 행위에 의해서)

핵심구조 명사 deeds + (that) + 주어 he + 동사 saw and heard

단어 및 숙어의 확장 동사 torment 괴롭히다, 고문하다 / hear 듣다 (hear-heard-heard)
/ see 보다 (see-saw-seen) 형용사 righteous 공정한, 바른, 정의의 / lawless 비합법
적인, 무법의, 법률에 어긋나는 숙어 day after day 매일 매일

해설 ① deeds와 he 사이에 목적격관계대명사 that이 생략돼 있다. ② living은 that
righteous man을 꾸미는 제한적 용법의 현재분사이다. ③ that은 형용사
righteous를 꾸며주기 때문에 지시부사이다.

의역 (이 의인이 저희 중에 거하여 날마다 저 불법한 행실을 보고 들음으로 그 의로
운 심령을 상하니라)

---

9 They will say, "Where is this 'coming' ✓ he promised? Ever since
our fathers died, everything goes on as it has since the beginning
of creation." (벧후3:4)

직역 그들은 말할 것이다, "그가 약속했던 이 '오심'은 어디에 있는가?" 우리의 조상

들이 죽은 이후 줄곧, 만사가 진행된다 창조의 시작 이래로부터 있던 것처럼

핵심구조 명사 coming + (that) + 주어 he + 동사 promised

단어 및 숙어의 확장 명사 fathers 조상들 / creation 창조, 탄생, 창출 동사 promise 약속하다, 공약하다 숙어 ever since 그 후 줄곧, 내내, 그 후 내내

해설 coming과 he 사이에 목적격관계대명사 that이 생략돼 있다.

의역 가로되 주의 강림하신다는 약속이 어디 있느뇨 조상들이 잔 후로부터 만물이 처음 창조할 때와 같이 그냥 있다 하니

---

10 His divine power has given us everything ✓ we need for life and godliness through our knowledge of him who called us by his own glory and goodness.

(벧후1:3)

직역 그의 신성한 능력은 생명과 신심을 위해 우리가 필요한 모든 것을 우리에게 주셨다 그에 대한 우리의 지식을 통하여 그 자신의 영광과 선함에 의해서 우리를 부르셨던

핵심구조 명사 everything + (that) + 주어 we + 동사 need

단어 및 숙어의 확장 명사 godliness 신심, 신앙심이 두터움 형용사 divine 신의, 신성한

해설 everything과 we 사이에 목적격관계대명사 that이 생략돼 있다.

의역 그의 신기한 능력으로 생명과 경건에 속한 모든 것을 우리에게 주셨으니 이는 자기의 영광과 덕으로써 우리를 부르신 자를 앎으로 말미암음이라

---

11 Now to you who believe, this stone is precious. But to those who do not believe, "The stone ✓ the builders rejected has become the capstone."

(벧전2:7)

직역 이제 믿는 너희들에게, 이 돌은 소중하다. 그러나 믿지 않는 자들에게는, "건축가들이 거절했던 그 돌은 머릿돌이 되었다"

핵심구조 명사 the stone + (that) + 주어 the builders + 동사 rejected

단어 및 숙어의 확장 명사 capstone 갓돌, 관석, 주춧돌, 머릿돌 동사 reject 거절하

다, 거부하다 [형용사] precious 소중한, 귀중한, 중요한

[해설] ① the stone과 the builders 사이에 목적격관계대명사 that이 생략돼 있다.
② those 다음에는 people이 생략돼 있다.

[의역] 그러므로 믿는 너희에게는 보배이나 믿지 아니하는 자에게는 건축자들의 버린 그 돌이 모퉁이의 머릿돌이 되고

---

12 Listen, my dear brothers. Has not God chosen those who are poor in the eyes of the world to be rich in faith and to inherit the kingdom ✓ he promised those who love him? (약2:5)

[직역] 들어라, 나의 사랑하는 형제들아. 하나님이 세상의 눈으로 볼 때 가난한 사람들을 선택하셔서 그들의 믿음을 깊게 하고 그를 사랑하는 자들에게 그가 약속했던 왕국을 물려주기로?

[핵심구조] 명사 kingdom + (that) + 주어 he + 동사 promised

[단어 및 숙어의 확장] [명사] faith 믿음(in), 신앙(심), 신조, 신념 [동사] inherit (재산, 권리 따위를)상속하다, 물려받다, (성질, 체질을)유전으로 이어받다, (권한을)이어받다 / choose 선택하다 (choose-chose-chosen)

[해설] ① kingdom과 he 사이에 목적격관계대명사 that이 생략돼 있다. ② those 다음에는 people이 생략돼 있다.

[의역] 내 사랑하는 형제들아 들을찌어다 하나님이 세상에 대하여는 가난한 자를 택하사 믿음에 부요하게 하시고 또 자기를 사랑하는 자들에게 약속하신 나라를 유업으로 받게 아니 하셨느냐

---

13 Look! The wages ✓ you failed to pay the workmen who mowed your fields are crying out against you. The cries of the harvesters have reached the ears of the Lord Almighty. (약5:4)

[직역] 보라! 너희의 밭의 풀을 맨 품군에게 지불하지 못했던 급료가 너희에게 대항하여 소리쳐 울고 있다. 추수꾼들의 외침이 전지전능하신 주님의 귀에 도달하였다

핵심구조 명사 wages + (that) + 주어 you + 동사 failed to pay

단어 및 숙어의 확장 **명사** wage (보통 pl) 임금, 급료, 시간급, 주급 / workman 품군 / harvest 추수 / harvester 추수꾼 **동사** mow (풀, 보리를)베다, 베어내다, 잔디를 깎다 **형용사** Almighty 전지전능하신 **숙어** fail to + do=~을 (하지) 못하다

해설 the wages와 you 사이에 목적격관계대명사 that이 생략돼 있다.

의역 보라 너희 밭에 추수한 품군에게 주지 아니한 삯이 소리 지르며 추수한 자의 우는 소리가 만군의 주의 귀에 들렸느니라

---

14 But these men blaspheme in matters ✓ they do not understand. They are like brute beasts, creatures of instinct, born only to be caught and destroyed, and like beasts they too will perish.

(벧후2:12)

직역 그러나 이 사람들은 그들이 이해하지 않는 문제들을 모독한다. 그들은 야만적인 짐승, 즉 본능적인 피조물과 같다, 다만 사로잡혀서 소멸되어지도록 태어난, 그리고 그들은 또한 사라질 짐승과 같다

핵심구조 명사 matters + (that) + 주어 they + 동사 do not understand

단어 및 숙어의 확장 **명사** beast 짐승, 금수 동물 / creature (신의)창조물, 피조물, 생물 **동사** blaspheme (신, 신성한 것에 대하여)불경스러운 말을 하다, 모독하다 / catch 잡다 (catch-caught-caught) / bear 태어나다 (bear-bore-born) / destroy 파괴하다, 부수다, 분쇄하다, 소멸시키다 / perish 멸망하다, 죽다, 썩어없어지다, 사라지다 **형용사** brute 금수와 같은, 잔인한, 야만적인 **숙어** only to + R=다만 ~하기 위하여

해설 ① matters와 they 사이에 목적격관계대명사 that이 생략돼 있다. ②beasts, creatures와 born 사이에 주격관계대명사 that과 are가 생략돼 있다. ③ born은 명사 beasts, creatures of instinct를 뒤에서 꾸며주는 제한적 용법의 과거분사이다.

의역 그러나 이 사람들은 본래 잡혀 죽기 위하여 난 이성 없는 짐승 같아서 그 알지 못한 것을 훼방하고 저희 멸망 가운데서 멸망을 당하며

15 In their greed these teachers will exploit you with stories ✓ they have made up. Their condemnation has long been hanging over them, and their destruction has not been sleeping. (벧후2:3)

> **직역** 그들의 탐욕에 있어서 이 교사들은 그들이 만들어 온 이야기로 너희를 착취할 것이다. 그들의 유죄판결은 오랫동안 그들에게 미결인 채로 남아 있었으며 그들의 파멸은 잠자고 있지 않았다
>
> **핵심구조** 명사 stories + (that) + 주어 they + 동사 have made
>
> **단어 및 숙어의 확장** 명사 greed 탐욕, 욕심 / condemnation 유죄판결, 심한 비난 / destruction 파괴, 파멸, 멸망 동사 exploit 활용하다, 착취하다 숙어 hang over 미결인 채로 있다, 미루어져 있다
>
> **해설** stories와 they 사이에 목적격관계대명사 that이 생략돼 있다.
>
> **의역** 저희가 탐심을 인하여 지은 말을 가지고 너희로 이를 삼으니 저희 심판은 옛적부터 지체하지 아니하며 저희 멸망은 자지 아니하느니라

16 They will be paid back with harm for the harm ✓ they have done. Their idea of pleasure is to carouse in broad daylight. They are blots and blemishes, reveling in their pleasures while they feast with you. (벧후2:13)

> **직역** 그들은 그들이 행해왔던 해로운 일에 대해서 해(害)로 갚을 것이다. 기쁨에 대한 그들의 생각은 환한 대낮에 마시고 떠드는 일이다. 그들은 오점과 결점이다, 그들이 너희와 함께 마시고 먹는 동안 쾌락 속에서 흥청대면서
>
> **핵심구조** 명사 harm + (that) + 주어 they + 동사 have done
>
> **단어 및 숙어의 확장** 동사 carouse 떠들썩하게 마시다, 마시고 떠들다, 통음하다 / revel 흥청대다, 떠들썩한 잔치 / feast 즐기다, 먹다, 축제, 진수성찬 / pay 지불하다 (pay-paid-paid) / do 하다 (do-did-done) 명사 blot 오점, 지우다, 덮다 / blemish 결점, 흠, 손상하다 / daylight 낮, 일광 형용사 broad 폭넓은, 광범위한, 다양한 숙어 pay back 돈을 갚다, 변제하다
>
> **해설** ① harm과 they 사이에 목적격관계대명사 that이 생략돼 있다. ② ,reveling은 분

사구문의 동시상황으로서 ,and revel로 바꿀 수 있다.

의역 불의의 값으로 불의를 당하며 낮에 연락을 기쁘게 여기는 자들이니 점과 흠이
라 너희와 함께 연회할 때에 저희 간사한 가운데 연락하며

---

17 If anyone speaks, he should do it as one speaking the very words
of God. If anyone serves, he should do it with the strength ✓ God
provides, so that in all things God may be praised through Jesus
Christ. To him be the glory and the power for ever and ever. Amen.

(벧전4:11)

직역 누군가가 말할 경우, 그는 그것을 하나님의 바로 그 말씀을 말하는 사람처럼
해야한다. 누군가가 봉사할 경우, 그는 그것을 하나님이 제공하신 힘으로 해야
한다, 모든 일에 있어서 하나님이 예수 그리스도를 통하여 찬양받으실 수 있도
록. 그에게 영광과 능력이 영원히 함께 하시기를. 아멘.

핵심구조 명사 strength + (that) + 주어 God + 동사 provides

단어 및 숙어의 확장 **동사** praise 찬양하다, 칭찬하다, 찬미하다 (be praised 찬양받다,
칭찬받다) **형용사** strong 힘 센, 강한 (strength 힘)

해설 ① strength와 God 사이에는 목적격관계대명사 that이 생략돼 있다. ② speaking
은 one을 뒤에서 꾸며주는 제한적 용법의 현재분사이다. ③ 기원문으로서 be
앞에 may가 생략돼 있다. To him은 부사구로서 문장의 맨 앞에 나와서 강조돼
있다. 이 문장을 원래 순서대로 쓰면, May be glory and the power to him for
ever and ever.가 된다. ④ so that + 주어 God + may + 동사원형 be ～하기
위하여

의역 만일 누가 말하려면 하나님의 말씀을 하는 것 같이 하고 누가 봉사하려면 하나
님의 공급하시는 힘으로 하는 것같이 하라 이는 범사에 예수 그리스도로 말미
암아 하나님이 영광을 받으시게 하려 함이니 그에게 영광과 권능이 세세에 무
궁토록 있느니라 아멘

7-2. 주격관계대명사+be동사의 생략

원래 주격관계대명사는 생략될 수 없다. 그러나 주격관계대명사가 바로 뒤에 be동사를 데리고 올 경우에는 그 주격관계대명사와 be동사는 둘 다 생략될 수 있다.
이 때의 주격관계대명사는 that 또는 which이다.

> **명사 + (주격관계대명사 + be동사) + p.p.**

예문1 I have a smart phone ✓ made in Korea.
(나는 한국에서 만든 스마트폰이 있다) [that is가 생략됐다]

예문2 He received an email ✓ written in English.
(그는 영어로 쓰인 이메일을 받았다) [that was가 생략됐다]

예문3 The little dog has a nickname ✓ called 'pony.'
(그 어린 강아지에게는 '포니'라는 별명이 있다) [that is가 생략됐다]

예문4 Jacob loved a young woman ✓ named Rachel.
(야곱은 라헬이라는 이름의 젊은 여자를 사랑했다) [that was가 생략됐다]

예문5 Kirk Sign is a trademark ✓ owned by the corporation.
(컥 싸인은 그 주식회사에 의해 소유된 상표이다)[that is가 생략됐다]

예문6 Elizabeth, ✓ filled with the Holy Spirit, blesses Mary and calls her "the mother of my Lord." (엘리사벳은, 성령으로 가득 차서, 마리아를 축복하고 그녀를 "나의 주님의 어머니"라고 부른다) [that is가 생략됐다]

---

1 Therefore get rid of all moral filth and the evil that is so prevalent and humbly accept the word ✓ planted in you, which can save you.

(약1:21)

직역 그러므로 너무도 널리 퍼진 모든 도덕적 더러움과 악을 제거하고 네 안에 심겨진 그 말을 겸손하게 받아들여라, 그것이 너희를 구할 수 있기 때문이다

핵심구조 명사 the word + (that is) + 과거분사 planted

단어 및 숙어의 확장 **명사** filth 오물, 불결한 것, 불결, 부정, 도덕적 부패, 타락

동사 plant (~을) 뿌리다, 심다 / save 구하다, 구원하다 **형용사** moral 도덕적인, 도덕의 / prevalent 널리 퍼진 **부사** humbly 겸손하게, 비하해서, 초라하게, 천한 신분으로 **숙어** get rid of(=remove=eliminate) 없애다, 제거하다

해설 ① the word와 planted 사이에는 주격관계대명사 that과 be동사 is가 생략돼 있다. ② ,which는 관계대명사의 계속적 용법으로서 ,for it으로 바꿀 수 있다.

의역 그러므로 모든 더러운 것과 넘치는 악을 내어 버리고 능히 너희 영혼을 구원할 바 마음에 심긴 도를 온유함으로 받으라

---

2 If you really keep the royal law ✓ found in Scripture, "Love your neighbor as yourself," you are doing right. (약2:8)

직역 만약 너희가 진정으로 성경에서 발견된 중요한 법, 즉 "너희 이웃을 네 자신처럼 사랑하라"는 법을 지킨다면, 너희는 옳은 일을 행하는 중이다

핵심구조 명사 law + (that is) + 과거분사 found

단어 및 숙어의 확장 **명사** the Scripture 성서 **형용사** royal 왕족의, 왕의

해설 law와 found 사이에는 주격관계대명사 that과 is가 생략돼 있다.

의역 너희가 만일 경에 기록한 대로 네 이웃 사랑하기를 네 몸과 같이 하라 하신 최고한 법을 지키면 잘하는 것이거니와

---

3 She who is in Babylon, ✓ chosen together with you, sends you her greetings, and so does my son Mark. (벧전5:13)

직역 너희와 함께 선택된 바빌론에 있는 그 여자가 너희에게 그녀의 인사를 보낸다, 그리고 나의 아들 마가도 (인사를) 보낸다

핵심구조 대명사 She + (that is) + 과거분사 chosen

단어 및 숙어의 확장 **동사** choose 선택하다 (choose-chose-chosen)

해설 ① Babylon과 chosen 사이에 주격관계대명사 that과 is가 생략돼 있다. ② so does my son Mark는 도치된 문장으로서, 원래의 문장으로 고치면, my son Mark sends you his greetings, too.가 된다. ③ chosen은 She를 뒤에서 꾸며주는 제한적 용법의 과거분사이다.

의역 함께 택하심을 받은 바벨론에 있는 교회가 너희에게 문안하고 내 아들 마가도 그리하느니라

4 These men are springs without water and mists ✓ driven by a storm. Blackest darkness is reserved for them. (벧후2:17)

직역 이 사람들은 폭풍우에 의해서 몰려간 물과 안개가 없는 샘이다. 가장 어두운 어둠이 그들을 위해서 저장돼 있다

핵심구조 명사 water and mists + (which are) + 과거분사 driven

단어 및 숙어의 확장 **명사** spring 샘 / mist (옅은) 안개 / storm 폭풍우 **동사** drive 운전하다, 몰다, 가다 (drive-drove-driven) / reserve 저장하다, 보유하다, 예약하다 (be reserved 저장되다)

해설 water and mists 사이에 주격관계대명사 that과 are가 생략돼 있다.

의역 이 사람들은 물 없는 샘이요 광풍에 밀려가는 안개니 저희를 위하여 캄캄한 어두움이 예비되어 있나니

성경해설 이 사람들은 "음심(淫心)이 가득한 눈을 가지고 범죄하기를 쉬지 아니하고 굳세지 못한 영혼들을 유혹하며 탐욕에 연단(鍊鍛)된 마음을 가진 자들이니 저주의 자식"이다 (벧후2:14)

〈베네치아〉

5 Who is wise and understanding among you? Let him show it by his good life, by deeds ✓ done in the humility that comes from wisdom.

(약3:13)

직역 너희 중에서 누가 현명하고 이해심이 있느냐? 그로 하여금 그의 선한 삶과 행함에 의해서 그것을 보여주게 하라 지혜로부터 오는 겸손함 속에서 행해진

핵심구조 명사 deeds + (that are) + 과거분사 done

단어 및 숙어의 확장 명사 wisdom 지혜 / humility 겸손, 겸허 / deed 행위, 행실, 행함 / understanding 이해심 동사 do 행하다 (do-did-done)

해설 ① deeds와 done 사이에 주격관계대명사 that과 are가 생략돼 있다. ② Let은 사역동사로서 목적어 him 다음에 동사원형 show가 온다. ③ done은 제한적 용법의 과거분사로서 done 이하는 명사 deeds를 꾸며준다. ④ humility 다음에 오는 that은 주격관계대명사이고 바로 뒤에 오는 일반동사 comes는 생략할 수 없다.

의역 너희 중에 지혜와 총명이 있는 자가 누구뇨 그는 선행으로 말미암아 지혜의 온유함으로 그 행함을 보일찌니라

6 And the prayer ✓ offered in faith will make the sick person well: the Lord will raise him up. If he has sinned, he will be forgiven.

(약5:15)

직역 믿음으로 제공한 기도는 병든 사람을 낫게 만들 것이다. 즉 하나님은 그를 부활시킬 것이다. 그가 죄를 지었다면, 그는 용서받을 것이다

핵심구조 명사 the prayer + (that is) + 과거분사 offered

단어 및 숙어의 확장 동사 offer 주다, 제공하다 / sin 죄를 짓다 / forgive 용서하다 (forgive-forgave-forgiven) 숙어 raise up 들어올리다, 부활시키다

해설 ① prayer와 offered 사이에 주격관계대명사 that과 is가 생략돼 있다. ② offered는 명사 prayer를 뒤에서 꾸며주는 제한적 용법의 과거분사이다.

의역 믿음의 기도는 병든 자를 구원하리니 주께서 저를 일으키시리라 혹시 죄를 범하였을찌라도 사하심을 얻으리라

7 I want you to recall the words ✓ spoken in the past by the holy prophets and the command ✓ given by our Lord and Savior through your apostles.

> **직역** 나는 거룩한 선지자들이 과거에 말했던 말씀들과 너희 사도들을 통해서 우리 주 구세주가 주셨던 명령을 너희가 기억하기를 원한다
>
> **핵심구조** 명사 words + (that were) + 과거분사 spoken
> 명사 command + (that was) + 과거분사 given
>
> **단어 및 숙어의 확장** [명사] prophet 예언자, 선지자 / command 명령 / Savior 구세주, 구원자 / apostle 사도 [동사] recall 상기하다, 기억하다, 소환하다 / speak 말하다 (speak-spoke-spoken) / give 주다 (give-gave-given)
>
> **해설** ① words와 spoken 사이에는 주격관계대명사 that과 be동사 were가 생략돼 있다. ② command와 given 사이에는 주격관계대명사 that과 be동사 was가 생략돼 있다. ③ spoken은 명사 words를 뒤에서 꾸며주는 과거분사이다 ④ given은 명사 command를 뒤에서 꾸며주는 과거분사이다. ⑤ want 다음에는 목적어가 오고 목적어 다음에는 반드시 to + R가 와야 한다.
>
> **의역** 곧 거룩한 선지자의 예언한 말씀과 주 되신 구주께서 너희의 사도들로 말미암아 명하신 것을 기억하게 하려 하노라

8 Through these he has given us his very great and precious promises, so that through them you may participate in the divine nature and escape the corruption in the world ✓ caused by evil desires.

(벧후1:4)

> **직역** 이것들을 통하여 그는 우리에게 그의 매우 위대하고 귀중한 약속을 주셨다, 그들을 통하여 너희가 신성에 참여하고 악한 욕망에 의해 초래되는 세상의 타락을 도피할 수 있도록
>
> **핵심구조** 명사 corruption + (that is) + 과거분사 caused
>
> **단어 및 숙어의 확장** [명사] corruption 부패, 타락, 부정 [숙어] participate in=take part in=참석하다

9 But these men blaspheme in matters they do not understand. They are like brute beasts, creatures of instinct, ✓ born only to be caught and destroyed, and like beasts they too will perish. (벧후2:12)

직역 그러나 이 사람들은 그들이 이해하지 않는 문제들을 모독한다. 그들은 야만적인 짐승, 즉 다만 사로잡혀서 소멸되어지도록 태어난 본능적인 피조물과 같다, 그리고 그들 또한 짐승처럼 사라질 것이다

핵심구조 명사 beasts, creatures of instinct + (that are) + 과거분사 born

단어 및 숙어의 확장 [명사] beast 짐승, 금수 동물 / creature (신의)창조물, 피조물, 생물 [동사] blaspheme (신, 신성한 것에 대하여)불경스러운 말을 하다, 모독하다 / catch 잡다 (catch-caught-caught) / bear 태어나다 (bear-bore-born) / destroy 파괴하다, 부수다, 분쇄하다, 소멸시키다 / perish 멸망하다, 죽다, 썩어없어지다, 사라지다 [형용사] brute 금수와 같은, 잔인한, 야만적인

해설 ① beasts, creatures와 born 사이에 주격관계대명사 that과 are가 생략돼 있다. ② matters와 they 사이에 목적격관계대명사 that이 생략돼 있다. ③ born은 명사 beasts, creatures of instinct를 뒤에서 꾸며주는 제한적 용법의 과거분사이다.

의역 그러나 이 사람들은 본래 잡혀 죽기 위하여 난 이성 없는 짐승 같아서 그 알지 못한 것을 훼방하고 저희 멸망 가운데서 멸망을 당하며

10 For you know that it was not with perishable things such as silver or gold that you were redeemed from the empty way of life ✓ handed down to you from your forefathers, but with the precious blood of Christ, a lamb without blemish or defect. (벧전1:18-19)

왜냐하면 너희는 알기 때문이다 너희가 너희 조상으로부터 너희에게 전해온 삶의 텅 빈 방식에서 구속된 것은 은이나 금과 같은 썩기 쉬운 것들로 인한 것이 아니라, 흠이나 오점 없는 어린 양, 즉 그리스도의 소중한 피로 인한 것임을

핵심구조 명사 empty way of life + (that was) + 과거분사 handed

단어 및 숙어의 확장 명사 forefathers (pl) 조상, 선조 / blemish 흠, 오점, 결점 / defect 결점, 결함, 단점, 흠, 약점 동사 redeem 구속하다, 속죄하다 (redeem a person from sin: 죄에서 사람을 구하다) 형용사 perishable 썩기 쉬운, 말라 죽는, 죽을 운명의 / precious 귀중한, 소중한, 가치 있는 숙어 hand down (후세에)전하다 (to), 유산으로 남기다

해설 ① empty way of life와 handed 사이에 주격관계대명사 that과 was가 생략돼 있다. ② It...that 강조구문으로서 not with perishable things such as silver or gold가 강조돼 있다. ③ know 다음의 that은 앞에 동사 know, 뒤에 주어+동사가 왔으므로 종속접속사이다.

의역 너희가 알거니와 너희 조상의 유전한 망령된 행실에서 구속(救贖)된 것은 은이나 금같이 없어질 것으로 한 것이 아니요 오직 흠 없고 점 없는 어린 양 같은 그리스도의 보배로운 피로 한 것이니라

11 Submit yourselves for the Lord's sake to every authority ✓ instituted among men: whether to the king, as the supreme authority, or to governors, who are sent by him to punish those who do wrong and to commend those who do right.

(벧전2:13-14)

직역 제발 인간들 사이에 설치된 모든 권위에 복종하라. 최상의 권위로서 왕에게든지 혹은 통치자에게든지, 왜냐하면 그들은 나쁜 일을 하는 자들을 벌주고 옳은 일을 하는 자들을 칭찬하기 위하여 그에 의해서 보내지기 때문이다

핵심구조 명사 authority + (that is) + 과거분사 instituted

단어 및 숙어의 확장 명사 authority 권위, 권력, 위신, 권한, 직권, 허가 / governor 통치자, 지배자 동사 institute (제도, 습관을) 만들다, 설치하다, 설립하다, 제정하다, 실시하다 / send 보내다 (send-sent-sent) / punish 벌주다 / commend 칭찬

하다 [형용사] supreme 최고의, 최상의 [숙어] whether A or B: A든지 B든지 / submit oneself 복종시키다, 따르게 하다(to) / for the Lord's sake 제발, 아무쪼록, 부디

[해설] ① authority와 instituted 사이에 주격관계대명사 that과 is가 생략돼 있다.
② instituted는 authority를 뒤에서 꾸며주는 제한적 용법의 과거분사이다.
③ ,who는 계속적 용법의 관계대명사로서 접속사+대명사로 바꾸면 ,for they가 된다.

[의역] 인간에 세운 모든 제도를 주를 위하여 순복(順服)하되 혹은 위에 있는 왕이나 혹은 악행하는 자를 징벌하고 선행하는 자를 포장(褒獎)하기 위하여 그의 보낸 방백에게 하라

---

12 It was revealed to them that they were not serving themselves but you, when they spoke of the things that have now been told you by those who have preached the gospel to you by the Holy Spirit ✓ sent from heaven. Even angels long to look into these things.

(벧전1:12)

[직역] 그들에게 드러났다 그들이 그들 자신이 아니라 너희를 섬기는 것이. 왜냐하면 그때 하늘에서 보낸 성령에 의해서 너희에게 복음을 가르쳐온 사람들에 의해서 이제는 너희에게 들려준 것들에 대해서 그들이 말했기 때문이다. 천사들조차도 이러한 것들을 조사하기를 갈망한다

[핵심구조] 명사 the Holy Spirit + (that was) + 과거분사 sent

[단어 및 숙어의 확장] [동사] speak 말하다 (speak-spoke-spoken) / tell 말하다 (tell-told-told) / send 보내다 (send-sent-sent) / preach 설교하다 / serve 섬기다, 봉사하다 / reveal 드러내다, 보여주다

[해설] ① the Holy Spirit과 sent 사이에 주격관계대명사 that과 was가 생략돼 있다.
② ,when은 관계부사의 계속적 용법으로서 ,for then으로 바꿀 수 있다.
③ 주격관계대명사 that은 뒤에 일반동사 have been told가 왔으므로 생략할 수 없다. ④ It은 가주어, that이하는 진주어이다. ⑤ sent는 the Holy Spirit를 뒤에서 꾸며주는 제한적 용법의 과거분사이다.

[의역] 이 섬긴 바가 자기를 위한 것이 아니요 너희를 위한 것임이 계시로 알게 되었으

니 이것은 하늘로부터 보내신 성령을 힘입어 복음을 전하는 자들로 이제 너희에게 고한 것이요 천사들도 살펴보기를 원하는 것이니라

성경해설 이 문장에서 they는 예언자(prophets)를 의미하며, these things는 '성령으로 복음을 전한 사람들이 너희에게 말했던 것들(the things that have now been told you by those who have preached the gospel to you by the Holy Spirit sent from Heaven)'을 의미한다.

13 As you come to him, the living Stone—✓ rejected by men but ✓ chosen by God and precious to him—you also, like living stones, are being built into a spiritual house to be a holy priesthood, offering spiritual sacrifices acceptable to God through Jesus Christ.

(벧전2:4-5)

직역 너희가 그에게 갈 때, 살아 있는 돌, 즉 인간에 의해서는 거절당했지만, 하나님에 의해서 선택받고 그에게 귀중한 것인데—너희도 살아 있는 돌처럼 지어져서 영적인 집으로 들어가서 거룩한 성직이 되며, 예수 그리스도를 통하여 받아들일만한 영적인 제물을 하나님께 바치면서

핵심구조 명사 the living Stone + (that is) + 과거분사 rejected

단어 및 숙어의 확장 명사 priesthood 성직, 사제직, 제사장 / sacrifice 희생, 제물 동사 choose 선택하다 (choose-chose-chosen) / build 짓다, 세우다, 건설하다 (build-built-built) / offer 주다, 제공하다 / reject 거절하다, 거부하다 형용사 spiritual 정신의, 영적인, 종교적인, 영혼의 / acceptable 받아들일만한, 만족스러운 / precious 소중한, 귀중한, 중요한

해설 ① the living Stone과 rejected 사이와 the living Stone과 chosen 사이에는 주격 관계대명사 that과 is가 각각 생략돼 있다. ② living은 stones를 꾸미는 제한적 용법의 현재분사이다. ③ rejected와 chosen 사이에는 주격관계대명사 that과 is가 생략되어 과거분사만 남게 되었다. 과거분사 rejected와 chosen이하는 명사 living Stone을 뒤에서 꾸며준다. ④ ,offering은 분사구문의 동시상황으로서 ,and offer로 바꿀 수 있다.

의역 사람에게는 버린 바가 되었으나 하나님께는 택하심을 입은 보배로운 산 돌이신 예수에게 나아와 너희도 산 돌같이 신령한 집으로 세워지고 예수 그리스도

로 말미암아 하나님이 기쁘게 받으실 신령한 제사를 드릴 거룩한 제사장이 될 찌니라

14 Be shepherds of God's flock that is under your care, serving as overseers—not because you must, but because you are willing, as God wants you to be; not greedy for money, but eager to serve; not lording it over those ✓ entrusted to you, but being examples to the flock.

(벧전5:2-3)

직역 너희의 보호 아래에 있는 하나님의 무리의 목자가 되어라, 감독으로서 섬기면서—너희가 해야만 해서가 아니라 기꺼이 해야하기 때문에, 하나님이 너희가 되기를 원하시는 것처럼; 돈에 대한 탐욕으로가 아니라, 몹시 섬기고 싶어서이다; 너희에게 위탁된 자들에게 주인행세하는 것이 아니라, 무리들에게 본보기가 되기 위해서이다

핵심구조 명사 those + (that are) + 과거분사 entrusted

단어 및 숙어의 확장 명사 shepherd 목자, 목동 / flock 무리, 떼, 군중, 신도, 회중 / overseer 감독, 관리자 동사 entrust 맡기다, 위임(위탁)하다 (to) 형용사 greedy 욕심 많은, 탐욕스러운 (for)(of) / entrusted 맡겨진, 위탁받은 숙어 be eager to R: 몹시 ~하고 싶어하다 / be willing to R: 기꺼이 ~하다 / not because A but because B: A가 아니라 B이다 / lord-over: 주인행세하다, 좌지우지하다, 마구 뽐내다

해설 ① those와 entrusted 사이에 주격관계대명사 that과 be동사 are가 생략돼 있다. ② ,serving은 분사구문의 동시상황으로서 and serve로 바꿀 수 있다. ③ want + O + to be ④ God's flock과 under your cage 사이에 주격관계대명사 that과 be동사 is가 생략되지 않은 채 그대로 쓰여 있다. ⑤ entrusted는 명사 those를 뒤에서 꾸며주는 제한적 용법의 과거분사이다.

의역 너희 중에 있는 하나님의 양 무리를 치되 부득이함으로 하지 말고 오직 하나님의 뜻을 좋아 자원함으로 하며 더러운 이를 위하여 하지 말고 오직 즐거운 뜻으로 하며 맡기운 자들에게 주장하는 자세를 하지 말고 오직 양 무리의 본이 되라

15 Peter, an apostle of Jesus Christ, To God's elect, strangers in the world, ✓ scattered throughout Pontus, Galatia, Cappadocia, Asia and Bithynia, <u>who</u> have been chosen according to the foreknowledge of God the Father, through the sanctifying work of the Spirit, for obedience to Jesus Christ and sprinkling by his blood: Grace and peace be yours in abundance.

(벧전1:1-2)

직역 예수 그리스도의 사도, 베드로가 폰투스, 갈라시아, 갑바도키아, 아시아와 비스니아 전역으로 흩어진 하나님에게서 선택된 자, 즉 이 세상의 이방인들에게 보냄, 이들은, 아버지 하나님의 선견지명에 의해서 뽑힌 자들이니, 성령의 신성한 작용을 통하고, 예수 그리스도에게 복종하기 위하여, 그리고 그의 피로 뿌림을 통해서: 너희들에게 은혜와 평화가 충만하기를

핵심구조 동사 strangers + (that were) + 과거분사 scattered

단어 및 숙어의 확장 **명사** apostle 사도 / elect 뽑힌 사람, 하나님의 선민, 소명을 받은, 하나님에게 선택된 / foreknowledge 예지, 선견지명, 통찰 / obedience 복종, 순종 **동사** scatter 흩뿌리다 / choose 선택하다 (choose-chose-chosen) / sprinkle ~을 뿌리다, 끼얹다, 흩뿌리다 / sanctify ~을 신성하게 하다, 축성하다, (죄 따위)씻다, 깨끗이 하다 **숙어** in abundance 풍부하게 / according to ~에 따라서

해설 ① strangers와 scattered 사이에 주격관계대명사 that과 were가 생략돼 있다. ② strangers와 scattered 사이에 주격관계대명사 that과 were가 생략돼 있다. 과거분사 scattered 이하는 strangers를 꾸며주는 제한적 용법이다. ③ ,who는 관계대명사의 계속적 용법으로서 접속사+대명사로 바꾸면 ,and they가 된다. ④ sanctifying은 제한적 용법의 현재분사로서 명사 work을 꾸며준다. ⑤ Grace 앞에 May가 생략돼 있다.

의역 예수 그리스도의 사도 베드로는 본, 갈라디아, 갑바도기아, 아시아와 비두니아에 흩어진 나그네 곧 하나님 아버지의 미리 아심을 따라 성령의 거룩하게 하심으로 순종함과 예수 그리스도의 피뿌림을 얻기 위하여 택하심을 입은 자들에게 편지하노니 은혜와 평강이 너희에게 더욱 많을찌어다

〈터키: 갑바도키아〉

N.B. 주격관계대명사와 be동사가 생략되지 않은 채 <u>그대로 쓰이는 경우도</u> 있다.

1 Now listen, you rich people, weep and wail because of the misery <u>that is</u> coming upon you.

(약5:1)

> **직역** 자, 들어라, 너희 부유한 사람들아, 눈물을 흘리면서 울부짖어라 너희에게 다가 오는 불행때문에
>
> **핵심구조** 명사 misery + that is
>
> **단어 및 숙어의 확장** 〔명사〕 misery 불행, (정신적 육체적)고통, 고뇌 〔동사〕 weep (눈물을 주르륵)흘리다 / wail 울부짖다 〔숙어〕 because of ~때문에
>
> **해설** misery와 coming 사이에 주격관계대명사 that과 be동사 is가 생략되지 않은 채 그대로 쓰여 있다.
>
> **의역** 들으라 부한 자들아 너희에게 임할 고생을 인하여 울고 통곡하라

2 Therefore get rid of all moral filth and the evil <u>that is</u> so prevalent and humbly accept the word planted in you, which can save you.

(약1:21)

| 직역 | 그러므로 모든 도덕적 더러움과 너무도 널리 퍼진 악을 제거하고 네 안에 심겨진 그 말을 겸손하게 받아들여라, 그것이 너희를 구할 수 있기 때문이다 |

핵심구조 명사 the evil + that is + 형용사 prevalent

단어 및 숙어의 확장 명사 filth 오물, 불결한 것, 불결, 부정, 도덕적 부패, 타락 동사 plant (~을) 뿌리다, 심다 / save 구하다, 구원하다 형용사 moral 도덕적인, 도덕의 / prevalent 널리 퍼진 부사 humbly 겸손하게, 비하해서, 초라하게, 천한 신분으로 숙어 get rid of(=remove=eliminate) 없애다, 제거하다

해설 ① the evil과 so 사이에 주격관계대명사 that과 be동사 is가 생략되지 않은 채 그대로 쓰여 있다. ② the word와 planted 사이에는 주격관계대명사 that과 be동사 is가 생략돼 있다. ③ ,which는 관계대명사의 계속적 용법으로서 ,for it으로 바꿀 수 있다.

의역 그러므로 모든 더러운 것과 넘치는 악을 내어 버리고 능히 너희 영혼을 구원할 바 마음에 심긴 도를 온유함으로 받으라

---

3 Of them the proverbs are true: "A dog returns to its vomit," and "A sow that is washed goes back to her wallowing in the mud."

(벧후2:22)

직역 속담은 그들에 대해서도 마찬가지다. "개는 자기가 내뱉은 것으로 돌아간다" "씻긴 돼지는 진흙 속으로 다시 돌아가서 뒹군다"

핵심구조 명사 sow + that is + 과거분사 washed

단어 및 숙어의 확장 명사 proverb 속담, 격언 / mud 진흙, 진창 / sow 암돼지 / vomit 분출 동사 vomit 토하다, 게우다 / wallow 뒹굴다, 빠지다, 뒹굴기 숙어 be true of ~에 해당되다, ~마찬가지다

해설 ① sow와 washed 사이에 주격관계대명사 that과 be동사 is가 생략되지 않은 채 그대로 쓰여 있다. ② Of them the proverbs are true는 도치된 문장이다. 올바른 문장으로 고치면, The proverbs are true of them이 된다.

의역 참속담에 이르기를 개가 그 토하였던 것에 돌아가고 돼지가 씻었다가 더러운 구덩이에 도로 누웠다 하는 말이 저희에게 응하였도다

4 It would have been better for them not to have known the way of righteousness than to have known it and then to turn their backs on the sacred command <u>that</u> <u>was</u> passed on to them. (벧후2:21)

> **직역** 그들이 고결한 방법을 알지 못했었더라면 더 좋았었을 것이다 그것을 알았고 그들에게 물려받은 신성한 명령에 등을 돌리는 것보다
>
> **핵심구조** 명사 command + that was + 과거분사 passed
>
> **단어 및 숙어의 확장** 명사 righteousness 정직, 고결, 고결한 행위 / command 명령, 지휘, 지시 형용사 sacred 신성한, 성스러운, 종교적인
>
> **해설** ① command와 passed 사이에 주격관계대명사 that과 be동사 was가 생략되지 않은 채 그대로 쓰여 있다. ② It은 가주어, for them은 의미상의 주어, to have known과 to turn은 진주어이다.
>
> **의역** 의의 도를 안 후에 받은 거룩한 명령을 저버리는 것보다 알지 못하는 것이 도리어 저희에게 나으니라

5 For "All men are like grass, and all their glory is like the flowers of the field; the grass withers and the flowers fall, but the word of the Lord stands forever." And this is the word <u>that</u> <u>was</u> preached to you. (벧전1:24-25)

> **직역** 왜냐하면 "모든 인간은 풀과 같고, 그들의 모든 영광은 들판의 꽃과 같다. 풀은 시들고 꽃은 떨어진다, 그러나 주님의 말씀은 영원히 지속"하기 때문이다. 그리고 이것이 너희에게 설교되어졌던 말씀이다
>
> **핵심구조** 명사 the word + that was + 과거분사 preached
>
> **단어 및 숙어의 확장** 동사 preach 설교하다, 가르치다 / stand 오래가다, 지속하다
>
> **해설** the word와 preached 사이에 주격관계대명사 that과 be동사 was가 생략되지 않은 채 그대로 쓰여 있다.
>
> **의역** 그러므로 모든 육체는 풀과 같고 그 모든 영광이 풀의 꽃과 같으니 풀은 마르고 꽃은 떨어지되 오직 주의 말씀은 세세토록 있도다 하였으니 너희에게 전한 복음이 곧 이 말씀이니라

6 He writes the same way in all his letters, speaking in them of these matters. His letters contain some things <u>that are</u> hard to understand, which ignorant and unstable people distort, as they do the other Scriptures, to their own destruction.　　　　(벧후3:16)

> **직역** 그는 그의 모든 편지 속에서 똑같은 방법으로 쓴다, 그들(편지)속에서 이러한 문제들에 관하여 말하면서. 그의 편지들은 이해하기 어려운 것들을 몇 가지 포함하고 있는데, 그것들을 무지하고 불안정한 사람들이 왜곡해서 그들 자신이 파멸되기 때문이다, 마치 그들이 다른 성경들을 그렇게 하듯이
>
> **핵심구조** 명사 things + that are + 형용사 hard
>
> **단어 및 숙어의 확장** 명사 destruction 파괴, 파멸 동사 distort (얼굴을)찡그리다, 비틀다 형용사 ignorant 무지한, 알지 못하는 / unstable 불안정한, 변하기 쉬운, 침착하지 않은 숙어 to + one's +추상명사=~ 하게도 (예: To my joy 내가 기쁘게도 / To his surprise 그가 놀랍게도 / To her sorrow 그 여자가 슬프게도) to their own destruction 그들이 파멸되게도
>
> **해설** ① some things와 hard 사이에 주격관계대명사 that과 be동사 are가 생략돼지 않은 채 그대로 쓰여 있다. ② ,speaking은 분사구문의 동시상황으로서 ,and speaks로 바꿀 수 있다. ③ ,which는 계속적용법의 관계대명사이다.
>
> **의역** 또 그 모든 편지에도 이런 일에 관하여 말하였으되 그 중에 알기 어려운 것이 더러 있으니 무식한 자들과 굳세지 못한 자들이 다른 성경과 같이 그것도 억지로 풀다가 스스로 멸망에 이르느니라

7 Be shepherds of God's flock <u>that is</u> under your care, serving as overseers—not because you must, but because you are willing, as God wants you to be; not greedy for money, but eager to serve; not lording it over those entrusted to you, but being examples to the flock.　　　　(벧전5:2-3)

> **직역** 너희의 보호 아래에 있는 하나님의 무리의 목자가 되어라, 감독으로서 섬기면서—너희가 해야만 해서가 아니라 기꺼이 해야하기 때문에, 하나님이 너희가 되기를 원하시는 것처럼; 돈에 대한 탐욕으로가 아니라, 몹시 섬기고 싶어서이

다; 너희에게 위탁된 자들에게 주인행세하는 것이 아니라, 무리들에게 본보기가 되기 위해서이다

핵심구조 명사 God' flock + that is + under your cage

단어 및 숙어의 확장 명사 shepherd 목자, 목동 / flock 무리, 떼, 군중, 신도, 회중 / overseer 감독, 관리자 동사 entrust 맡기다, 위임(위탁)하다 (to) 형용사 greedy 욕심 많은, 탐욕스러운 (for)(of) / entrusted 맡겨진, 위탁받은 숙어 be eager to R: 몹시 ~하고 싶어하다 / be willing to R: 기꺼이 ~하다 / not because A but because B: A가 아니라 B이다 / lord-over: 주인행세하다, 좌지우지하다, 마구 뽐내다

해설 ① God's flock과 under your cage 사이에 주격관계대명사 that과 be동사 is가 생략되지 않은 채 그대로 쓰여 있다. ② ,serving은 분사구문의 동시상황으로서 and serve로 바꿀 수 있다. ③ want + O + to be ④ those와 entrusted 사이에 주격관계대명사 that과 be동사 are가 생략돼 있다. ⑤ entrusted는 명사 those를 뒤에서 꾸며주는 제한적 용법의 과거분사이다.

의역 너희 중에 있는 하나님의 양 무리를 치되 부득이함으로 하지 말고 오직 하나님의 뜻을 좇아 자원함으로 하며 더러운 이를 위하여 하지 말고 오직 즐거운 뜻으로 하며 맡기운 자들에게 주장하는 자세를 하지 말고 오직 양 무리의 본이 되라

---

8 Concerning this salvation, the prophets, who spoke of the grace that <u>was</u> to come to you, searched intently and with the greatest care, trying to find out the time and circumstances to which the Spirit of Christ in them was pointing when he predicted the sufferings of Christ and the glories that would follow.

(벧전1:10-11)

직역 이 구원에 관하여, 너희에게 가게 될 은혜에 관해서 말하는 예언자들이 열심히 그리고 매우 조심스럽게 찾았다, 그들 안에 계신 그리스도의 영이 가리키는 시간과 상황들을 찾아내려고 시도하면서, 그가 그리스도의 고난과 그에 따른 영광을 예언할 때에

핵심구조 명사 grace + that + was

단어 및 숙어의 확장 명사 salvation 구원, 구제, 구조 / circumstance 상황, 환경, 정황

/ prophet 예언자, 선지자 동사 predict 예언하다, 예측하다 / speak 말하다 (speak-spoke-spoken) 부사 intently 집중하여, 열심히, 골똘하게 전치사 concerning ~에 관하여(=regarding)(=about)

해설 ① grace와 to come 사이에 주격관계대명사 that과 be동사 was가 생략되지 않은 채 그대로 쓰여 있다. ② ,who를 접속사+대명사로 바꾸면 ,and they가 된다. ③ with care=carefully=조심스럽게, with the greatest care=very carefully=매우 조심스럽게 ④ ,trying은 분사구문의 동시상황으로서 and tried로 바꿀 수 있다. ⑤ 주격관계대명사 that은 뒤에 일반동사 follow가 왔으므로 생략할 수 없다.

의역 이 구원에 대하여는 너희에게 임할 은혜를 예언하던 선지자들이 연구하고 부지 런히 살펴서 자기 속에 계신 그리스도의 영이 그 받으실 고난과 후에 얻으실 영광을 미리 증거하여 어느 시, 어떠한 때를 지시하시는지 상고(詳考)하니라

9 Praise be to the God and Father of our Lord Jesus Christ! In his great mercy he has given us new birth into a living hope through the resurrection of Jesus Christ from the dead, and into an inheritance that can never perish, spoil or fade—kept in heaven for you, who through faith are shielded by God's power until the coming of the salvation that is ready to be revealed in the last time.

(벧전1:3-5)

직역 하나님이면서 동시에 우리 주 예수 그리스도의 아버지께 찬양 있으라! 그의 커다란 자비로 그는 우리에게 새로운 생명을 주시어 살아 있는 희망이 되게 하셨다 죽은 자들로부터 예수 그리스도께서 부활하심을 통하여. 그리하여 결코 사라지거나 망치거나 시들 수 없는 유업이 되게 하셨다—너희들을 위하여 하 늘에 보관된 것이다, 왜냐하면 믿음을 통하여 너희들은 하나님의 능력에 의해 서 보호받기 때문이다 마침내 마지막 때에 준비된 구원이 드러나게 될 것이다

핵심구조 명사 the coming of salvation + that is + 형용사 ready

단어 및 숙어의 확장 명사 resurrection 부활, 되살아남, 그리스도의 부활 / inheritance 상속, 계승 / salvation 구제, 구원, 구조 동사 shield 보호하다, 감싸다 / reveal 밝히다, 드러내다, 보여주다 / perish 사라지다, 죽다 / spoil 망치다, 상하다/ fade 사라지다, 색이 바래다, 쇠퇴하다, 시들다 / keep 간직하다 (keep-kept-kept) /

give 주다 (give-gave-given) 숙어 be ready to ~할 준비를 하다

해설 ① the coming of salvation과 ready 사이에 주격관계대명사 that과 is가 생략되지 않은 채 그대로 쓰여 있다. ② the + dead=dead people ③ inheritance 다음의 that 은 주격관계대명사이다. ④ ,who는 관계대명사의 계속적 용법으로서 접속사+ 대명사로 바꾸면, for you 가 된다. ⑤ Praise 앞부분에 May가 생략돼 있다. ⑥ until을 '마침내'로 번역한다.

의역 찬송하리로다 우리 주 예수 그리스도의 아버지 하나님이 그 많으신 긍휼대로 예수 그리스도의 죽은 자 가운데서 부활하심으로 말미암아 우리를 거듭나게 하사 산 소망이 있게 하시며 썩지 않고 더럽지 않고 쇠하지 아니하는 기업을 잇게 하시나니 곧 너희를 위하여 하늘에 간직하신 것이라 너희가 말세에 나타 내기로 예비하신 구원을 얻기 위하여 믿음으로 말미암아 하나님의 능력으로 보호하심을 입었나니

8 주격관계대명사 + 일반동사

주격관계대명사+일반동사로 된 것은 생략할 수 없다!

예문1 Joseph understood God planned all <u>that</u> had happened to him for good.
(요셉은 하나님이 그에게 일어났던 모든 일을 영원히 계획하심을 이해했다)
[that 다음에 동사 had happened가 왔으므로 주격이다]

예문2 In the Sunday school classroom humor can serve to break the barrier <u>that</u> sometimes exists between teacher and class members.
(주일학교교실에서 유머란 교사와 학급학생들 사이에서 때로 존재하는 장벽 을 깨뜨리는 데에 도움을 줄 수 있다) [that 다음에 동사 exists가 왔으므로 주격이다]

1 And when the chief Shepherd appears, you will receive the crown of glory <u>that</u> will never <u>fade</u> away.   (벧전5:4)

2 We ourselves heard this voice <u>that</u> <u>came</u> from heaven when we were with him on the sacred mountain.

(벧후1:18)

3 But the man who looks intently into the perfect law <u>that</u> <u>gives</u> freedom, and continues to do this, not forgetting what he has heard, but doing it—he will be blessed in what he does.

(약1:25)

해설 ① gives 앞에 있는 that은 주격관계대명사이다. ② ,not forgetting...doing은 분사 구문의 동시상황으로서 ,and do not forget, but does로 바꿀 수 있다. ③ what은 관계대명사로서 the thing which로 바꿀 수 있다.

의역 자유하게 하는 온전한 율법을 들여다보고 있는 자는 듣고 잊어버리는 자가 아니요 실행하는 자니 이 사람이 그 행하는 일에 복을 받으리라

4 Speak and act as those who are going to be judged by the law that gives freedom, because judgment without mercy will be shown to anyone who has not been merciful. Mercy triumphs over judgment!　　　　　　　　　　　　　　　　　　　　　　　(약2:12-13)

직역 말하고 행동해라 자유를 주는 법에 의해서 재판을 받을 사람들처럼, 왜냐하면 자비가 없는 판단이 자비가 없었던 사람에게 보여지게 될 것이기 때문이다. 재판 위에 자비가 승리하기를 !

핵심구조 명사 law + that + 일반동사 gives

단어 및 숙어의 확장 명사 mercy 자비, 연민, 동정, 신의 은총 형용사 merciful 자비로운, 인정많은

해설 주격관계대명사 that은 뒤에 일반동사 gives가 왔으므로 생략할 수 없다.

의역 너희는 자유의 율법대로 심판받을 자처럼 말도 하고 행가기도 하라 긍휼을 행하지 아니하는 자에게는 긍휼 없는 심판이 있으리라 긍휼은 심판을 이기고 자랑하느니라

5 And the scripture was fulfilled that says, "Abraham believed God, and it was credited to him as righteousness," and he was called God's friend.　　　　　　　　　　　　　　　　　　　　　　　(약2:23)

직역 성경말씀이 성취되었다. 즉 성경은 말한다 "아브라함이 하나님을 믿었고, 그것이 그를 정의롭다고 간주하게 되었다." 그리하여 그는 하나님의 친구로 불렸다

핵심구조 명사 the scripture + that + 일반동사 says

<table>
<tr><td>**단어 및 숙어의 확장**</td><td>**동사** credit (명예, 공적 따위)를 (남에게) 돌리다 (to), (남에게) (~이)있다고 간주하다</td></tr>
</table>

단어 및 숙어의 확장 **동사** credit (명예, 공적 따위)를 (남에게) 돌리다 (to), (남에게) (~이)있다고 간주하다

해설 주격관계대명사 that은 뒤에 일반동사 says가 왔으므로 생략할 수 없다.

의역 이에 경에 이른바 아브라함이 하나님을 믿으니 이것을 의로 여기셨다는 말씀이 응하였고 그는 하나님의 벗이라 칭함을 받았나니

---

6 Who is wise and understanding among you? Let him show it by his good life, by deeds done in the humility <u>that</u> <u>comes</u> from wisdom.

(약3:13)

직역 너희 중에서 누가 현명하고 이해심이 있느냐? 그로 하여금 그의 선한 삶에 의해서 그것을 보여주게 하라, 지혜로부터 오는 겸손함 속에서 행해진 행위에 의해서도 그것을 보여주게 하라

핵심구조 명사 humility + that + 일반동사 comes

단어 및 숙어의 확장 **명사** wisdom 지혜 / humility 겸손, 겸허 / deed 행위, 행실, 행함 / understanding 이해심 **동사** do 행하다 (do-did-done)

해설 ① humility 다음에 오는 that은 주격관계대명사이고 바로 뒤에 오는 일반동사 comes는 생략할 수 없다. ② deeds와 done 사이에 주격관계대명사 that과 are가 생략돼 있다. ③ done은 제한적 용법의 과거분사로서 done 이하는 명사 deeds를 꾸며준다. ④ Let은 사역동사로서 목적어 him 다음에 동사원형 show가 온다.

의역 너희 중에 지혜와 총명이 있는 자가 누구뇨 그는 선행으로 말미암아 지혜의 온유함으로 그 행함을 보일찌니라

---

7 But the wisdom <u>that</u> <u>comes</u> from heaven is first of all pure; then peace-loving, considerate, submissive, full of mercy and good fruit, impartial and sincere.

(약3:17)

직역 그러나 하늘에서 오는 지혜는 우선 순수하다, 즉 평화를 사랑하며, 사려가 깊고, 복종적이며, 자비와 선한 열매로 가득하며, 공평하고 진지하다

핵심구조 명사 wisdom + that + 일반동사 comes

단어 및 숙어의 확장 〔명사〕 mercy 자비, 은총 〔형용사〕 considerate 사려깊은, 남을 배려하는 / submissive 복종하는, 순종하는, 복종적인 / impartial 공정한, 공평한, 치우치지 않는 / sincere 진지한, 진실한, 성실한 / pure 순수한 〔숙어〕 first of all 무엇보다도 먼저, 제일 먼저(=above all)

해설 주격관계대명사 that은 뒤에 일반동사 comes가 왔으므로 생략할 수 없다.

의역 오직 위로부터 난 지혜는 첫째 성결하고 다음에 화평하고 관용하고 양순하며 긍휼과 선한 열매가 가득하고 편벽과 거짓이 없나니

---

8 What causes fights and quarrels among you? Don't they come from your desires <u>that</u> <u>battle</u> within you?　　　　　　　(약4:1)

직역 무엇이 너희들 사이에서 싸움과 말다툼을 초래하느냐? 그들은(싸움과 말다툼) 너희 안에서 싸우는 너희들의 욕망에서 온 것이 아니더냐?

핵심구조 명사 desires + that + 일반동사 battle

단어 및 숙어의 확장 〔명사〕 fight 싸움, 격투, 분쟁 / quarrel 말다툼 〔동사〕 cause 초래하다, 야기하다

해설 주격관계대명사 that은 뒤에 일반동사 battle이 왔으므로 생략할 수 없다.

의역 너희 중에 싸움이 어디로 다툼이 어디로 좇아 나느뇨 너희 지체 중에서 싸우는 정욕으로 좇아난 것이 아니냐

---

9 Why, you do not even know what will happen tomorrow. What is your life? You are a mist <u>that</u> <u>appears</u> for a little while and then vanishes.　　　　　　　(약4:14)

직역 아니 대체, 너희는 모른단말이냐 내일 무슨 일이 일어날 것인지도? 너희의 생명이 무엇이냐? 너희는 안개니라 잠시동안 나타났다가 사라지는

핵심구조 명사 mist + that + 일반동사 appears

단어 및 숙어의 확장 〔명사〕 mist 안개(엷은) 〔동사〕 vanish 사라지다 〔감탄사〕 Why 아니 대체 〔숙어〕 for a little while 잠시동안

해설 ① 주격관계대명사 that은 뒤에 일반동사 appears가 왔으므로 생략할 수 없다.
② know 다음에 오는 what은 의문대명사이다.

의역 내일 일을 너희가 알지 못하도다 너희 생명이 무엇이뇨 너희는 잠간 보이다가 없어지는 안개니라

〈피렌체〉

10 Praise be to the God and Father of our Lord Jesus Christ! In his great mercy he has given us new birth into a living hope through the resurrection of Jesus Christ from the dead, and into an inheritance that can never perish, spoil or fade—kept in heaven for you, who through faith are shielded by God's power until the coming of the salvation that is ready to be revealed in the last time.

(벧전1:3-5)

직역 하나님이면서 동시에 우리 주 예수 그리스도의 아버지께 찬양 있으라! 그의 커다란 자비로 그는 우리에게 새로운 생명을 주시어 살아 있는 희망이 되게 하셨다 죽은 자들로부터 예수 그리스도께서 부활하심을 통하여. 그리하여 결코 사라지거나 망치거나 시들 수 없는 유업이 되게 하셨다—너희들을 위하여 하

늘에 보관된 것이다, 왜냐하면 믿음을 통하여 너희들은 하나님의 능력에 의해서 보호받기 때문이다 마침내 마지막 때에 준비된 구원이 드러나게 될 것이다

핵심구조 명사 inheritance + that + 일반동사 perish

단어 및 숙어의 확장 [명사] resurrection 부활, 되살아남, 그리스도의 부활 / inheritance 상속, 계승 / salvation 구제, 구원, 구조 [동사] shield 보호하다, 감싸다 / reveal 밝히다, 드러내다, 보여주다 / perish 사라지다, 죽다 / spoil 망치다, 상하다/ fade 사라지다, 색이 바래다, 쇠퇴하다, 시들다 / keep 간직하다 (keep-kept-kept) / give 주다 (give-gave-given) [숙어] be ready to ~할 준비를 하다

해설 ① 주격관계대명사 that은 뒤에 일반동사 perish가 왔으므로 생략할 수 없다. ② the + dead=dead people ③ Praise 앞부분에 May가 생략돼 있다. ④ ,who는 관계대명사의 계속적 용법으로서 접속사+대명사로 바꾸면, ~and (for?) you가 된다. ⑤ that is에서 that은 생략되지 않은 채 be동사와 함께 그대로 쓰였다.

의역 찬송하리로다 우리 주 예수 그리스도의 아버지 하나님이 그 많으신 긍휼대로 예수 그리스도의 죽은 자 가운데서 부활하심으로 말미암아 우리를 거듭나게 하사 산 소망이 있게 하시며 썩지 않고 더럽지 않고 쇠하지 아니하는 기업을 잇게 하시나니 곧 너희를 위하여 하늘에 간직하신 것이라 너희가 말세에 나타내기로 예비하신 구원을 얻기 위하여 믿음으로 말미암아 하나님의 능력으로 보호하심을 입었나니

---

11 Concerning this salvation, the prophets, who spoke of the grace that was to come to you, searched intently and with the greatest care, trying to find out the time and circumstances to which the Spirit of Christ in them was pointing when he predicted the sufferings of Christ and the glories that would follow. (벧전1:10-11)

직역 이 구원에 관하여, 너희에게 가게 될 은혜에 관해서 말하는 예언자들이 열심히 그리고 매우 조심스럽게 찾았다, 그들 안에 계신 그리스도의 영이 가리키는 시간과 상황들을 찾아내려고 시도하면서, 그가 그리스도의 고난과 그에 따른 영광을 예언할 때에

핵심구조 명사 glories + that + would + 일반동사 follow

단어 및 숙어의 확장 [명사] salvation 구원, 구제, 구조 / circumstance 상황, 환경, 정황

/ prophet 예언자, 선지자 [동사] predict 예언하다, 예측하다 / speak 말하다 (speak-spoke-spoken) [부사] intently 집중하여, 열심히, 골똘하게 [전치사] concerning ~에 관하여(=regarding)(=about)

해설 ① 주격관계대명사 that은 뒤에 일반동사 follow가 왔으므로 생략할 수 없다. ② grace와 to come 사이에 주격관계대명사 that과 be동사 was가 생략되지 않은 채 그대로 쓰여 있다. ③ with care=carefully=조심스럽게, with the greatest care=very carefully=매우 조심스럽게 ④ ,trying은 분사구문의 동시상황으로서 and tried로 바꿀 수 있다. ⑤ ,who를 접속사+대명사로 바꾸면 ,and they가 된다.

의역 이 구원에 대하여는 너희에게 임할 은혜를 예언하던 선지자들이 연구하고 부지런히 살펴서 자기 속에 계신 그리스도의 영이 그 받으실 고난과 후에 얻으실 영광을 미리 증거하여 어느 시, 어떠한 때를 지시하시는지 상고(詳考)하니라

12 It was revealed to them that they were not serving themselves but you, when they spoke of the things that <u>have now been told</u> you by those who have preached the gospel to you by the Holy Spirit sent from heaven. Even angels long to look into these things.

(벧전1:12)

직역 그들에게 드러났다 그들이 그들 자신이 아니라 너희를 섬기는 것이. 왜냐하면 그때 하늘에서 보낸 성령에 의해서 너희에게 복음을 가르쳐온 사람들에 의해서 이제는 너희에게 들려준 것들에 대해서 그들이 말했기 때문이다. 천사들조차도 이러한 것들을 조사하기를 갈망한다

핵심구조 명사 things + that + have been told

단어 및 숙어의 확장 [동사] speak 말하다 (speak-spoke-spoken) / tell 말하다 (tell-told-told) / send 보내다 (send-sent-sent) / preach 설교하다 / serve 섬기다, 봉사하다 / reveal 드러내다, 보여주다

해설 ① 주격관계대명사 that은 뒤에 일반동사 have been told가 왔으므로 생략할 수 없다. ② ,when은 관계부사의 계속적 용법으로서 ,for then으로 바꿀 수 있다. ③ It은 가주어, that이하는 진주어이다. ④ the Holy Spirit과 sent 사이에 주격관계대명사 that과 was가 생략돼 있다. ⑤ sent는 the Holy Spirit를 뒤에서 꾸며주는 제한적 용법의 과거분사이다.

의역 이 섬긴 바가 자기를 위한 것이 아니요 너희를 위한 것임이 계시로 알게 되었으니 이것은 하늘로부터 보내신 성령을 힘입어 복음을 전하는 자들로 이제 너희에게 고한 것이요 천사들도 살펴보기를 원하는 것이니라

13 "A stone that causes men to stumble and a rock that makes them fall." They stumble because they disobey the message—which is also what they were destined for.　　　　(벧전2:8)

직역 "인간을 넘어지게 하는 돌과 그들을 떨어지게 하는 바위." 그들은 넘어진다 그들이 그 메시지에 복종하지 않기 때문이다—그것은 또한 그들이 그렇게 될 운명이었다

핵심구조 명사 stone + that + 일반동사 causes
　　　　　　명사 rock + that + 일반동사 makes

단어 및 숙어의 확장 **동사** cause 일으키다, 발생하다, 초래하다, 야기하다 / stumble 비틀거리다, 넘어지다 / disobey 복종하지 않다, 위반하다 / destine 예정에 두다, 운명짓다 **숙어** be destined for ~할 운명이다

해설 ① 주격관계대명사 that은 뒤에 일반동사 causes와 makes가 왔으므로 생략할 수 없다. ② cause + O + to R: O로 하여금 ~하도록 초래하다 ③ make O + R ④ which는 바로 앞 문장을 의미한다. ⑤ what은 관계대명사로서 the thing which로 바꿀 수 있다.

의역 또한 부딪히는 돌과 거치는 반석이 되었다 하니라 저희가 말씀을 순종치 아니하므로 넘어지나니 이는 저희를 이렇게 정하신 것이라

14 In it only a few people, eight in all, were saved through water, and this water symbolizes baptism that now saves you also—not the removal of dirt from the body but the pledge of a good conscience toward God. It saves you by the resurrection of Jesus Christ, who has gone into heaven and is God's right hand—with angels, authorities and powers in submission to him.　　　　(벧전3:20-22)

그것 안에는 불과 얼마 안 되는 사람들, 즉 모두 8명만이 물을 통하여 구원받았다. 그리고 이 물은 이제 너희들도 구원하는 세례를 상징한다―육신에서 죄를 제거하는 것이 아니라 하나님을 향한 선한 양심의 맹세이다. 그것은 예수 그리스도의 부활에 의해서 너희를 구원하는데, 왜냐하면 그가 하늘에 가서서 하나님의 오른손이 되기 때문이다―천사와 권위와 능력이 그에게 복종하면서

명사 baptism + that + 일반동사 saves

명사 baptism 세례 / removal 제거, 삭제 / dirt 먼지, 때, 흙 / pledge 약속(하다), 공약(하다), 서약(하다) / conscience 양심, 도덕심, 의식 / resurrection 부활, 되살아남, 그리스도의 부활 / authority 권한, 권위, 당국 / submission 굴복, 순종, 제출 동사 symbolize 상징하다, 나타내다 / save 구하다, 절약하다 / remove 제거하다, 없애다, 삭제하다, 치우다 / go 가다 (go-went-gone) 숙어 not A but B: A가 아니라 B / in all: 전부, 모두 해서, 도합 / only a few 불과 얼마 안 되는, 극히 소수의, 조금밖에 없는

① 주격관계대명사 that은 뒤에 일반동사 saves가 왔으므로 생략할 수 없다.
② ,who는 관계대명사의 계속적 용법으로서 접속사+대명사로 바꾸면, and he가 된다.

그들은 전에 노아의 날 방주 예비할 동안 하나님이 오래 참고 기다리실 때에 순종치 아니하던 자들이라 방주에서 물로 말미암아 구원을 얻은 자가 몇 명뿐이니 겨우 여덟 명이라 물은 예수 그리스도의 부활하심으로 말미암아 이제 너희를 구원하는 표니 곧 세례라 육체의 더러운 것을 제하여 버림이 아니요 오직 선한 양심이 하나님을 향하여 찾아가는 것이라 저는 하늘에 오르사 하나님 우편에 계시니 천사들과 권세들과 능력들이 저에게 순복(順服)하느니라

〈베네치아〉

9 so-that... 관용구

중요포인트

① may 대신에 can, will, shall을 쓸 수도 있다.
② so that 대신에 in order that을 쓸 수도 있다.
③ may의 과거 might가 쓰일 경우에는 could, would, should가 된다.
④ so 또는 that을 생략할 수도 있다.

예문1 Jacob did this <u>so that</u> he <u>would always remember</u> the place where God had spoken to him. (야곱은 하나님이 그에게 말씀하셨던 장소를 항상 기억하기 위하여 이 일을 했다)[do의 과거형 did가 쓰였기 때문에 will의 과거형 would가 되었다]

예문2 We must deny ourselves <u>so that</u> Jesus <u>can use</u> us to the fullest extent possible. (우리는 예수님이 가능하면 최대로 우리를 사용하실 수 있도록 하기 위하여 우리 자신을 부인해야만 한다)

9-1. so that + S + may + R ~하기 위하여 (목적)

1 Perseverance must finish its work <u>so that you may be</u> mature and complete, not lacking anything.

(약1:4)

> **직역** 인내심은 그의 작용을 끝내야한다 너희가 성숙하고 완성될 수 있도록, 어떤 것도 결핍됨이 없이.
>
> **핵심구조** so that + 주어 you + may + 동사원형 be
>
> **단어 및 숙어의 확장** 〔명사〕 perseverance 인내(력), 참을성 〔형용사〕 mature 성숙한, 익은, 분별 있는, 심사숙고한 / complete 완전한, 완벽한
>
> **해설** ① so that + 주어 you + may + 동사원형 be ~하도록, ~하기 위하여 ② not lacking은 분사구문의 동시상황으로서 and be not lack으로 바꿀 수 있다.
>
> **의역** 인내를 온전히 이루라 이는 너희로 온전하고 구비하여 조금도 부족함이 없게 하려함이라

2 But rejoice that you participate in the sufferings of Christ, <u>so that you may be</u> overjoyed when his glory is revealed.

(벧전4:13)

> **직역** 그러나 기뻐하라 너희가 그리스도의 고난에 참여함을, 너희가 크게 기뻐할 수 있도록 그의 영광이 드러날 때에
>
> **핵심구조** so that + 주어 you + may + 동사원형 be
>
> **단어 및 숙어의 확장** 〔동사〕 reveal 밝히다, 드러내다, 보여주다, 알리다 / overjoy 몹시 기뻐하다, 크게 기뻐하다 / rejoice 기뻐하다, 환호하다 〔숙어〕 participate in (=take part in) 참여하다
>
> **해설** ① so that + 주어 you + may + 동사원형 be ~하도록, ~하기 위하여 ② that 앞에 동사 rejoice, 뒤에 주어+동사가 왔으므로 종속접속사이다.
>
> **의역** 오직 너희가 그리스도의 고난에 참예하는 것으로 즐거워하라 이는 그의 영광을 나타내실 때에 너희로 즐거워하고 기뻐하게 하려 함이라

3 Therefore confess your sins to each other and pray for each other so that you may be healed. The prayer of a righteous man is powerful and effective.

(약5:16)

> **직역** 그러므로 서로에게 너희의 죄를 고백하고 서로를 위해서 기도하라 너희가 치료받을 수 있도록. 정의로운 사람의 기도는 힘이 있고 효과적이다
>
> **핵심구조** so that + 주어 you + may + 동사원형 be
>
> **단어 및 숙어의 확장** [동사] confess ~을 자백(고백)하다, 실토하다, 털어놓다 / heal 치료하다 [형용사] effective 유효한, 효력이 있는, 효과적인 / righteous 정의로운
>
> **해설** so that + 주어 you + may + 동사원형 be
>
> **의역** 이러므로 너희 죄를 서로 고하며 병 낫기를 위하여 서로 기도하라 의인의 간구는 역사(役事)하는 힘이 많으니라

4 Like newborn babies, crave pure spiritual milk, so that by it you may grow up in your salvation, now that you have tasted that the Lord is good.

(벧전2:2-3)

> **직역** 새로 태어난 아기들처럼, 순수하고 영적인 우유를 갈망해라, 그것에 의해서 너희가 너희 구원에서 성장할 수 있도록, 너희가 맛보았기 때문에 주님이 좋다는 것을
>
> **핵심구조** so that + 주어 you + may + 동사원형 grow
>
> **단어 및 숙어의 확장** [명사] salvation 구원, 구조 [동사] taste 맛보다 / crave 열망(갈망)하다, 간절히 원하다 [형용사] newborn 새로 태어난 / spiritual 영혼의, 영적인, 정신적인 / pure 순수한 [숙어] grow up 자라다, 성장하다 / now that=since=~이니까
>
> **해설** ① so that + 주어 you + may + 동사원형 grow ② now that은 since(=because)와 같다. ③ tasted 다음에 오는 that은 종속접속사로서 생략되지 않은 채 그대로 쓰여 있다.
>
> **의역** 갓난아이들과 같이 순전(純全)하고 신령한 젖을 사모하라 이는 이로 말미암아 너희로 구원에 이르도록 자라게 하려 함이라 너희가 주의 인자하심을 맛보았으면 그리하라

5 He himself bore our sins in his body on the tree, <u>so that we might die</u> to sins and live for righteousness; by his wounds you have been healed.

(벧전2:24)

직역 그는 몸소 우리의 죄를 담당하여 나무 위에 그의 몸을 매달리셨다, 우리가 죄에 대하여 죽고 정의를 위해 살도록 하기 위하여; 그의 상처로 인하여 너희가 치료를 받았다

핵심구조 so that + 주어 we + might + 동사원형 die

단어 및 숙어의 확장 명사 righteousness 정직, 고결, 고결한 행위 / wound [u:] 상처, 고통, 부상 동사 heal 치료하다, 고치다 (be healed 치료받다) / bear 짊어지다, 부담하다 (bear-bore-born)

해설 ① so that + 주어 we + might + 동사원형 die ② himself는 강조용법의 재귀대명사로서 '몸소', '직접'의 뜻이다.

의역 친히 나무에 달려 그 몸으로 우리 죄를 담당하셨으니 이는 우리로 죄에 대하여 죽고 의에 대하여 살게 하심이라 저가 채찍에 맞음으로 너희는 나음을 얻었나니

6 Through these he has given us his very great and precious promises, <u>so that</u> through them you <u>may participate</u> in the divine nature and <u>escape</u> the corruption in the world caused by evil desires.

(벧후1:4)

직역 이것들을 통하여 그는 우리에게 그의 매우 위대하고 귀중한 약속을 주셨다, 그들을 통하여 너희가 신성에 참여하고 악한 욕망에 의해 초래되는 세상의 타락을 도피할 수 있도록

핵심구조 so that + 주어 you + may + 동사원형 participate / escape

단어 및 숙어의 확장 명사 corruption 부패, 타락, 부정 숙어 participate in=take part in=참석하다

해설 ① so that + 주어 you + may + 동사원형 ~하도록 ② world와 caused 사이에 주격관계대명사 that과 be동사 is가 생략돼 있다. ③ caused는 명사 world를 뒤에

서 꾸며주는 제한적 용법의 과거분사이다.

의역 이로써 그 보배롭고 지극히 큰 약속을 우리에게 주사 이 약속으로 말미암아 너희로 정욕을 인하여 세상에서 썩어질 것을 피하여 신의 성품에 참예하는 자가 되게 하려 하셨으니

---

7 These have come <u>so that</u> your faith—of greater worth than gold, which perishes even though refined by fire—<u>may be</u> proved genuine and may result in praise, glory and honor when Jesus Christ is revealed.

(벧전1:7)

직역 이러한 것들은 왔다 너희의 믿음이—비록 불에 의하여 정제된다하더라도 사라지는 금보다도 더 값나가는 것인데—진실된 것으로 입증되어 예수 그리스도가 드러나실 때에 결국 찬양과 영광과 명예로 될 수 있도록

핵심구조 so that + 주어 your faith + may + 동사원형 be

단어 및 숙어의 확장 명사 honor 영광, 명예, 상 동사 perish 사라지다, 죽다 / prove 증명하다, 입증하다, 판명되다 / refine 세련되다, 정제하다 / reveal 밝히다, 드러내다, 알리다 / result 결국, 결국~초래하다 형용사 genuine 진실된, 진짜의, 순수한 / refined 세련된, 정제된 숙어 result in 결과적으로~이 되다

해설 ① so that + 주어 your faith + may + 동사원형 be ② These는 여러 가지 시험(all kinds of trials)를 의미한다.(벧전1:6)

의역 너희 믿음의 시련이 불로 연단하여도 없어질 금보다 더 귀하여 예수 그리스도의 나타나실 때에 칭찬과 영광과 존귀를 얻게 하려 함이라

---

8 Do not repay evil with evil or insult with insult, but with blessing, because to this you were called <u>so that</u> you <u>may</u> inherit a blessing.

(벧전3:9)

직역 악을 악으로, 욕을 욕으로 갚지 마라, 하지만 복으로 갚아라, 왜냐하면 이것에 대해서 너희가 부름을 받았기 때문이다 너희가 축복을 물려받기 위하여

핵심구조 so that + 주어 you + may + 동사원형 inherit

해설 ① so that + 주어 you + may + 동사원형 inherit=~하기 위하여 ② but 다음에는
repay가 생략돼 있다.

의역 악을 악으로, 욕을 욕으로 갚지 말고 도리어 복을 빌라 이를 위하여 너희가
부르심을 입었으니 이는 복을 유업으로 받게 하려 하심이라

9 Therefore, dear friends, since you already know this, be on your guard so that you may not be carried away by the error of lawless men and fall from your secure position.

(벧후3:17)

직역 그러므로, 사랑하는 친구들아, 너희가 이미 이것을 알기 때문에, 주의하라, 불
법적인 사람들의 잘못으로 인해서 목숨을 뺏기고 너희의 안정된 위치로부터
떨어지지 않도록

핵심구조 so that + 주어 you + may + 동사원형 be carried

단어 및 숙어의 확장 형용사 lawless 법이 없는 무법의, 불법적인, 멋대로 구는 숙어
be on one's guard 보초를 서다, 주의하다, 경계하다 / carry away (수동태로)도취
시키다, ~에 빠지게 하다, 가지고 가버리다, ~의 목숨을 뺏다

해설 so that + 주어 you + may not + 동사원형 be

의역 그러므로 사랑하는 자들아 너희가 이것을 미리 알았은즉 무법한 자들의 미혹에
이끌려 너희 굳센데서 떨어질까 삼가라

10 For this is the reason the gospel was preached even to those who are now dead, so that they might be judged according to men in regard to the body, but live according to God in regard to the spirit.

(벧전4:6)

직역 왜냐하면 이것이 복음이 선포되었던 바로 그 이유이기 때문이다 지금은 죽은
사람들에게도, 몸에 의한 인간에 따르면 그들이 심판을 받을지도 모르지만, 영

혼에 의한 신에 따르면 살 수도 있기 위하여

`핵심구조` so that + 주어 they + might + 동사원형 be

`단어 및 숙어의 확장` `동사` judge 심판하다, 판단하다 / preach 가르치다, 설교하다
`숙어` in regard to ~에 관해서 / according to ~에 따르면

`해설` ① so that + 주어 they + might + 동사원형 be ~하기 위하여 ② reason과 the gospel 사이에 이유를 나타내는 관계부사 why가 생략돼 있다.

`의역` 이를 위하여 죽은 자들에게도 복음이 전파되었으니 이는 육체로는 사람처럼 심판을 받으나 영으로는 하나님처럼 살게 하려 함이니라

---

11 Wives, in the same way be submissive to your husbands <u>so that</u>, if any of them do not believe the word, <u>they may be</u> won over without words by the behavior of their wives, when they see the purity and reverence of your lives.   (벧전3:1-2)

`직역` 아내들이여, 똑같은 방법으로 너희의 남편들에게 복종하라, 그들 중 어떤 이들이 그 말씀을 믿지 않더라도, 그들이 그들의 아내의 태도에 의하여 말이 없어도 이길 수 있도록 하기 위하여, 그들이 너희의 삶의 순수와 존경을 알게 되면

`핵심구조` so that + 주어 they + may + 동사원형 be

`단어 및 숙어의 확장` `명사` wife 아내, 부인 (pl: wives) / behavior 행동, 행위, 태도, 행실 / purity 순수, 순결 / reverence 존경, 존중, 공경 / life 생명, 목숨, 삶(pl: lives)
`동사` win 이기다 (win-won-won) `형용사` submissive 복종하는, 순종하는
`숙어` win over 이기다, 조절하다, 사로잡다

`해설` so that + 주어 they + may + 동사원형 be: ~하기 위하여, ~하도록

`의역` 아내된 자들아 이와 같이 자기 남편에게 순복하라 이는 혹 도를 순종치 않는 자라도 말로 말미암지 않고 그 아내의 행위로 말미암아 구원을 얻게 하려 함이니 너희의 두려워하며 정결한 행위를 봄이라

---

12 If anyone speaks, he should do it as one speaking the very words of God. If anyone serves, he should do it with the strength God provides, <u>so that</u> in all things God <u>may</u> <u>be</u> praised through Jesus Christ. To him be the glory and the power for ever and ever. Amen.

(벧전4:11)

직역 누군가가 말할 경우, 그는 그것을 하나님의 바로 그 말씀을 말하는 사람처럼 해야한다. 누군가가 봉사할 경우, 그는 그것을 하나님이 제공하신 힘으로 해야 한다, 모든 일에 있어서 하나님이 예수 그리스도를 통하여 찬양받으실 수 있도록. 그에게 영광과 능력이 영원히 함께 하시기를. 아멘.

핵심구조 so that + 주어 God + may + 동사원형 be

단어 및 숙어의 확장 [동사] praise 찬양하다, 칭찬하다, 찬미하다 (be praised 찬양받다, 칭찬받다) [형용사] strong 힘 센, 강한 (strength 힘)

해설 ① so that + 주어 God + may + 동사원형 be ~하기 위하여 ② speaking은 one을 뒤에서 꾸며주는 제한적 용법의 현재분사이다. ③ 기원문으로서 be 앞에 may가 생략돼 있다. To him은 부사구로서 문장의 맨 앞에 나와서 강조돼 있다. 이 문장을 원래 순서대로 쓰면, May be glory and the power to him for ever and ever.가 된다. ④ strength와 God 사이에는 목적격관계대명사 that이 생략돼 있다.

의역 만일 누가 말하려면 하나님의 말씀을 하는 것 같이 하고 누가 봉사하려면 하나님의 공급하시는 힘으로 하는 것같이 하라 이는 범사에 예수 그리스도로 말미암아 하나님이 영광을 받으시게 하려 함이니 그에게 영광과 권능이 세세에 무궁토록 있느니라 아멘

---

13 But in your hearts set apart Christ as Lord. Always be prepared to give an answer to everyone who asks you to give the reason for the hope that you have. But do this with gentleness and respect, keeping a clear conscience, <u>so that</u> those who speak maliciously against your good behavior in Christ <u>may</u> <u>be</u> ashamed of their slander.

(벧전3:15-16)

직역 그러나 너희의 마음 속에서 그리스도를 주님으로 구별해놓아라. 항상 대답할 준비를 해라 너희가 가지고 있는 희망에 대한 이유를 대라고 너희에게 요청하는 모든 이에게. 그러나 이것을 온화하고 존경스럽게 행하라, 분명한 양심을

지니면서, 그리스도 안에서 너희의 선한 행실에 대하여 악의를 지니고 말하는 사람들이 그들의 중상모략을 부끄러워할 수 있도록

핵심구조 so that + 주어 those + may + 동사원형 be

단어 및 숙어의 확장 [명사] slander 중상(하다), 욕 / behavior 행동, 행위, 태도, 행실 / conscience 양심, 도덕심, 의식 / gentleness 온화함, 관대함 [부사] maliciously 악의를 가지고, 심술궂게 [숙어] set apart 구별하다, 따로 떼어두다 / be ashamed of 부끄러워하다, 수치스럽게 여기다

해설 ① so that + 주어 those + may + be ashamed=~하기 위하여 ② with + 추상명사 gentleness=부사 gently, with + 추상명사 respect=respectfully ③ ,keep은 분사구문의 동시상황으로서 ,and keep으로 바꿀 수 있다. ④ that은 앞에 명사, 뒤에는 주어+동사가 왔으므로 목적격관계대명사이다.

의역 너희 마음에 그리스도를 주로 삼아 거룩하게 하고 너희 속에 있는 소망에 관한 이유를 묻는 자에게는 대답할 것을 항상 예비하되 온유와 두려움으로 하고 선한 양심을 가지라 이는 그리스도 안에 있는 너희의 선행을 욕하는 자들로 그 비방하는 일에 부끄러움을 당하게 하려 함이라

9-2. so that + S + V 그리하여 ~하다 (결과)

1 Now that you have purified yourselves by obeying the truth <u>so that</u> you have sincere love for your brothers, love one another deeply, from the heart.

(벧전1:22)

직역 진리에 순종함으로써 너희자신을 깨끗하게 해왔기 때문에 그리하여 너희가 너희 형제들에 대한 신실한 사랑이 있는 것이니, 마음으로부터 깊이 서로 사랑하라

핵심구조 so that + 주어 you + 일반동사 have

단어 및 숙어의 확장 [동사] purify 정화하다, 깨끗하게 하다 / obey 복종하다, 순종하다 [형용사] sincere 진지한, 신실한

해설 ① so that 다음에 결과의 부사절을 이끌면서 '그래서, 그때문에'의 뜻이 된다.

② Now that=Since=Because

의역 │ 너희가 진리를 순종함으로 너희 영혼을 깨끗하게 하여 거짓이 없이 형제를 사랑하기에 이르렀으니 마음으로 뜨겁게 피차 사랑하라

9-3. so가 생략된 경우: (so) + that + S + may + R

1 Humble yourselves, therefore, under God's mighty hand, ✓ that he may lift you up in due time. (벧전5:6)

직역 │ 그러므로 하나님의 강력한 손아래에서 겸손해라, 그가 때가 되면 너희를 들어 올릴 수 있도록

핵심구조 │ (so) that + 주어 he + may + 동사원형 lift

단어 및 숙어의 확장 │ 동사 lift 들어 올리다, 높이다, 앙양하다 형용사 mighty 강력한, 위대한, 대단한 숙어 humble oneself 겸손하다, 황송해하다 / in due time 때가 오면, 머지않아

해설 │ that 앞에 so가 생략돼 있다.

의역 │ 그러므로 하나님의 능하신 손아래서 겸손하라 때가 되면 너희를 높이시리라

2 He chose to give us birth through the word of truth, ✓ that we might be a kind of firstfruits of all he created. (약1:18)

직역 │ 그는 진리의 말씀을 통해서 우리를 낳기를 선택하셨다, 우리가 그가 창조하신 모든 것의 일종의 첫열매가 되게 하기 위하여

핵심구조 │ (so) that + 주어 we + might + 동사원형 be

단어 및 숙어의 확장 │ 명사 firstfruit 첫 열매 / kind 종류 동사 choose 선택하다 (choose-chose-chosen) / might: may의 과거형 / create 창조하다, 만들다

해설 │ ① that 앞에 so가 생략돼 있다. ② he와 created 사이에는 목적격관계대명사 that이 생략돼 있다.

76 │ 술술풀어가는 영어성경영문법(야고보서, 베드로전후서)

의역 그가 그 조물 중에 우리로 한 첫 열매가 되게 하시려고 자기의 뜻을 좇아 진리의 말씀으로 우리를 낳으셨느니라

3 When you ask, you do not receive because you ask with wrong motives, ✓ that you may spend what you get on your pleasures.

(약4:3)

직역 너희가 요청할 때, 너희는 받지 않는다 너희가 잘못된 동기로 요청하기 때문이다 너희가 소비하기 위하여 너희가 쾌락으로 살아가는 것에

핵심구조 (so) that + 주어 you + may + 동사원형 spend

단어 및 숙어의 확장 [명사] motive 동기 / pleasure 즐거움, 기쁨 [동사] spend 소비하다, 쓰다 [숙어] get on 진행하다, (어떻게)살다, 이럭저럭 해나르다, 성공하다

해설 ① so that you may spend에서 so가 생략돼 있다. ② what은 관계대명사로서 the thing which로 바꿀 수 있다.

의역 구하여도 받지 못함은 정욕으로 쓰려고 잘못 구함이니라

4 Live such good lives among the pagans ✓ that, though they accuse you of doing wrong, they may see your good deeds and glorify God on the day he visits us.

(벧전2:12)

직역 이교도들 사이에서 그러한 선한 삶을 살아라 비록 그들이 너희가 나쁜 일을 한다고 고발한다 할지라도, 그가 우리를 방문하는 날 그들이 너희의 선한 행동을 보고 하나님을 찬양할 수 있도록

핵심구조 (so) that + 주어 they + may + 동사원형 see

단어 및 숙어의 확장 [명사] pagan 이교도 (기독교, 유대교, 이슬람교의 신자가 아닌 사람) [gentile:(유대인의 입장에서) 이방인 (특히 기독교도) / deed 행위, 행동 (do의 명사형) / life 삶, 인생 (pl. lives) [동사] glorify (신을)찬미하다, 찬송하다, 찬양하다, ~영광을 더하다 / accuse 고발(고소)하다, 비난하다, 나무라다

해설 ① so that they may see에서 so가 생략돼 있다. ② the day와 he 사이에 시간을 나타내는 관계부사 when이 생략돼 있다.

5 But you are a chosen people, a royal priesthood, a holy nation, a people belonging to God, ✓ <u>that you may</u> declare the praises of him who called you out of darkness into his wonderful light.

(벧전2:9)

직역 그러나 너희는 선택받은 민족이며, 왕실의 제사장이며, 거룩한 나라이며, 하나님께 속한 민족이다, 어둠으로부터 그의 놀라운 빛으로 너희를 불렀던 그에 대한 찬양을 너희가 선언할 수 있도록

핵심구조 (so) that + 주어 you + may + 동사원형 declare

단어 및 숙어의 확장 명사 priesthood 제사장, 성직 / praise 찬양, 찬미 형용사 royal 왕실의, 왕족 / chosen 선택된 (choose 선택하다: choose-chose-chosen) 숙어 belong to ~에 속하다

해설 ① that 앞에 so가 생략돼 있다. so that + S + may + R= ~하기 위하여 ② chosen 은 제한적 용법의 과거분사로서 people을 꾸며준다.

의역 오직 너희는 택하신 족속이요 왕 같은 제사장들이요 거룩한 나라요 그의 소유된 백성이니 이는 너희를 어두운 데서 불러 내어 그의 기이한 빛에 들어가게 하신 자의 아름다운 덕을 선전(宣傳)하게 하려 하심이라

9-4. may가 아니라 can이 쓰인 경우

1 The end of all things is near. Therefore be clear minded and self-controlled <u>so that</u> you <u>can</u> pray.

(벧전4:7)

직역 모든 것들의 종말이 가까이 왔다. 그러므로 마음을 깨끗하게 하고 자기절제를 하여라 너희가 기도할 수 있도록

핵심구조 so that + 주어 you + can + 동사원형 pray

단어 및 숙어의 확장 [명사] end 끝, 종말, 마지막 [형용사] clear minded 깨끗한 마음을 지닌 / self-controlled 자기절제를 하는

해설 may 대신에 can이 쓰였다.

의역 만물의 마지막이 가까웠으니 그러므로 너희는 정신을 차리고 근신하여 기도 하라

9-5. may가 아니라 will이 쓰인 경우

1 Husbands, in the same way be considerate as you live with your wives, and treat them with respect as the weaker partner and as heirs with you of the gracious gift of life, <u>so that</u> nothing <u>will</u> hinder your prayers.

(벧전3:7)

직역 남편들아, 똑같은 방법으로 너희가 너희 아내들과 살 때 배려하여라, 그리고 존경하는 마음으로 그들을 더 약한 파트너로서 그리고 삶의 우아한 선물의 상속자로 대접하라, 아무것도 너희의 기도를 방해하지 않도록

핵심구조 so that + 주어 nothing + will + 동사원형 hinder

단어 및 숙어의 확장 [명사] heir 후계자, 상속인, 후손 [동사] hinder 방해하다, 저해하다, 막다 [형용사] considerate 배려하는, 이해심 있는 / gracious 친절한, 우아한, 관대한

해설 ① so that + 주어 nothing + will + 동사원형 hinder ② with respect=respectfully= 존경심을 지니고, 존경하는 마음으로

의역 남편 된 자들아 이와 같이 지식을 따라 너희 아내와 동거하고 저는 더 연약한 그릇이요 또 생명의 은혜를 유업으로 함께 받을 자로 알아 귀히 여기라 이는 너희 기도가 막히지 아니하게 하려 함이라

9-6. so가 생략되고 may 대신 should가 쓰인 경우

1 To this you were called, because Christ suffered for you, leaving you an example, ✓ that you should follow in his steps. (벧전2:21)

> **직역** 이것에게 너희가 불림을 받았다, 왜냐하면 그리스도께서 너희를 위하여 고난을 겪으셨고, 너희를 본보기로 남겨두셨기 때문이다, 너희가 그의 자취를 따르게 하도록
>
> **핵심구조** (so) that + 주어 you + 조동사 should + R
>
> **단어 및 숙어의 확장** **동사** suffer 고통을 겪다 / leave 떠나다, 남겨두다
>
> **해설** ① that 앞에는 so가 생략되었으며 may 대신에 should가 쓰였다. (so) that you should + R ～하기 위하여 ② ,leaving은 분사구문의 동시상황으로서 ,and left로 바꿀 수 있다.
>
> **의역** 이를 위하여 너희가 부르심을 입었으니 그리스도도 너희를 위하여 고난을 받으사 너희에게 본을 끼쳐 그 자취를 따라오게 하려 하셨느니라

🔟 it ⌒that... 강조구문이 쓰인 문장

> **중요포인트**
>
> 강조하는 부분을 it과 that 사이에 둔다. 강조된 부분이 사람일 경우 that 대신 who를 쓸 수 있다. that이 생략될 수도 있고 that 다음의 주어가 생략될 때도 있다.
>
> | It + 강조할 부분 + that + (S) + V |
> |:---:|
>
> **예문1** It is through Jesus that we may live.
> (우리가 살 수 있는 것은 예수님을 통해서이다) [Jesus를 강조함]
>
> **예문2** It was at Hanyoung Theological University that I met Jihye.
> (내가 지혜를 만난 곳은 한영신학대학교였다)
> [Hanyoung Theological University를 강조함]

예문3 It was yesterday that he met her.
(그가 그녀를 만난 것은 어제였다) [yesterday를 강조함]

예문4 It is the Lord Jesus Christ (that) you are serving. (Col.3:23-24)
(너희가 섬기는 자는 바로 주님 예수 그리스도이다)
[that을 생략할 수도 있다] [the Lord Jesus Christ를 강조함]

예문5 Of all the women in Israel's history, it is Mary that has been chosen by God to bear this Child.
(이스라엘 역사상 모든 여인 중에서, 이 아이를 낳을 수 있도록 하나님께로부터 선택받았던 사람은 바로 마리아다) [Mary를 강조함]

---

1 For it is God's will that by doing good you should silence the ignorant talk of foolish men.
(벧전2:15)

직역 왜냐하면 선을 행함으로써 너희가 어리석은 자들의 무지한 말을 침묵시켜야하는 것은 하나님의 뜻이기 때문이다

핵심구조 it is + 강조부분 God's will + that + 주어 you + 동사 should

단어 및 숙어의 확장 명사 talk 말 / will 의지 동사 silence 침묵을 지키다 형용사 foolish 어리석은 / ignorant 알지 못하는, 무지한

해설 ① it is God's will that─you should silence...는 강조구문으로서 God's will이 강조돼 있다. ② For는 Because의 뜻이다.

의역 곧 선행으로 어리석은 사람들의 무식한 말을 막으시는 것이라

---

2 For you know that it was not with perishable things such as silver or gold that you were redeemed from the empty way of life handed down to you from your forefathers, but with the precious blood of Christ, a lamb without blemish or defect.
(벧전1:18-19)

직역 왜냐하면 너희는 알기 때문이다 너희가 너희 조상으로부터 너희에게 전해온 삶의 텅 빈 방식에서 구속된 것은 은이나 금과 같은 썩기 쉬운 것들로 인한 것이 아니라, 흠이나 오점 없는 어린 양, 즉 그리스도의 소중한 피로 인한 것임을

핵심구조 it was + 강조구문 not with perishable things such as silver or gold + that + 주어 you + 동사 were redeemed

단어 및 숙어의 확장 [명사] forefathers (pl) 조상, 선조 / blemish 흠, 오점, 결점 / defect 결점, 결함, 단점, 흠, 약점 [동사] redeem 구속하다, 속죄하다 (redeem a person from sin: 죄에서 사람을 구하다) [형용사] perishable 썩기 쉬운, 말라 죽는, 죽을 운명의 / precious 귀중한, 소중한, 가치 있는 [숙어] hand down (후세에)전하다 (to), 유산으로 남기다

해설 ① It...that 강조구문으로서 not with perishable things such as silver or gold가 강조돼 있다. ② that의 앞에 동사 know, 뒤에 주어+동사가 왔으므로 종속접속 사이다. ③ empty way of life와 handed 사이에 주격관계대명사 that과 was가 생략돼 있다.

의역 너희가 알거니와 너희 조상의 유전한 망령된 행실에서 구속(救贖)된 것은 은이 나 금같이 없어질 것으로 한 것이 아니요 오직 흠 없고 점 없는 어린 양 같은 그리스도의 보배로운 피로 한 것이니라

11 가짜주어(It)와 진짜주어

중요포인트

가주어 It + is + 진주어 to R (또는 that + S + V)

가주어는 뒤에 오는 단어, 구, 절을 대표한다.
(가주어 It은 해석하지 않는다) (진주어를 주어로 해석한다)

예문1 It is possible to master English soon.
(곧 영어를 정복하는 것은 가능하다)

예문2 It is easy to master English.
(영어를 정복하는 일은 쉽다)

예문3 It is not difficult to master English.

(영어를 정복하는 것은 어렵지 않다)

예문4 It is true that Jongho has succeeded.
(종호가 성공했다는 것은 사실이다)

예문5 It is a pity that they cannot come.
(그들이 갈 수 없다니 유감이다)

---

1 It is better, if it is God's will, to suffer for doing good than for doing evil.
(벧전3:17)

직역 만약 그것이 하나님의 뜻이라면, 악을 행하기보다는 선을 행하다가 괴로워하는 것이 더 낫다

핵심구조 가주어 It + is + 진주어 to suffer

단어 및 숙어의 확장 명사 will 의지, 뜻 동사 suffer 괴로워하다, 고통을 겪다

해설 It은 가주어, to suffer는 진주어이다.

의역 선을 행함으로 고난받는 것이 하나님의 뜻일찐대 악을 행함으로 고난받는 것보다 나으니라

---

2 I think it is right to refresh your memory as long as I live in the tent of this body,
(벧후1:13)

직역 나는 생각한다 너희의 기억을 새롭게 하는 것이 옳다고 내가 이 몸의 장막 안에 살고 있는 한

핵심구조 가주어 It + is + 진주어 to refresh

단어 및 숙어의 확장 동사 refresh 상쾌하게 하다, 재충전하다, 새롭게 하다, 되살리다
숙어 as long as ~하는 한

해설 ① it은 가주어, to refresh는 진주어이다. ② think와 it 사이에 종속접속사 that이 생략돼 있다.

의역 내가 이 장막에 있을 동안에 너희를 일깨워 생각하게 함이 옳은 줄로 여기노니

3 It was revealed to them that they were not serving themselves but you, when they spoke of the things that have now been told you by those who have preached the gospel to you by the Holy Spirit sent from heaven. Even angels long to look into these things.

(벧전1:12)

직역 그들에게 드러났다 그들이 그들 자신이 아니라 너희를 섬기는 것이. 왜냐하면 그때 하늘에서 보낸 성령에 의해서 너희에게 복음을 가르쳐온 사람들에 의해서 이제는 너희에게 들려준 것들에 대해서 그들이 말했기 때문이다. 천사들조차도 이러한 것들을 조사하기를 갈망한다

핵심구조 It ...that—

단어 및 숙어의 확장 동사 speak 말하다 (speak-spoke-spoken) / tell 말하다 (tell-told-told) / send 보내다 (send-sent-sent) / preach 설교하다 / serve 섬기다, 봉사하다 / reveal 드러내다, 보여주다

해설 ① It은 가주어, that이하는 진주어이다. ② ,when은 관계부사의 계속적 용법으로서 ,for then으로 바꿀 수 있다. ③ 주격관계대명사 that은 뒤에 일반동사 have been told가 왔으므로 생략할 수 없다. ④ the Holy Spirit과 sent 사이에 주격관계 대명사 that과 was가 생략돼 있다. ⑤ sent는 the Holy Spirit를 뒤에서 꾸며주는 제한적 용법의 과거분사이다.

의역 이 섬긴 바가 자기를 위한 것이 아니요 너희를 위한 것임이 계시로 알게 되었으니 이것은 하늘로부터 보내신 성령을 힘입어 복음을 전하는 자들로 이제 너희에게 고한 것이요 천사들도 살펴보기를 원하는 것이니라

진주어의 동작을 실행하는 자가 바로 의미상의 주어이다.

예문1 It is easy for me to lift the rock.
(내가 그 바위를 들어올리는 일은 쉽다)

예문2 It was not so easy for him to lift the rock.
(그가 그 바위를 들어올리는 것은 쉽지 않았다)

1 For it is time for judgment to begin with the family of God: and if it begins with us, what will the outcome be for those who do not obey the gospel of God? (벧전4:17)

> **직역** 왜냐하면 재판이 하나님의 가족으로 시작할 때이기 때문이다. 즉 만약 그것이 우리로 시작한다면, 하나님의 복음에 순종하지 않는 자들에게 무슨 성과가 있을 것인가?
>
> **핵심구조** 가주어 it + 의미상의 주어 for judgment + 진주어 to begin
>
> **단어 및 숙어의 확장** [명사] outcome 성과, 결과, 과정 / judgment 심판, 재판
>
> **해설** ① it은 가주어, for judgment는 의미상의 주어, to begin은 진주어이다. ② those 다음에는 people이 생략돼 있다.
>
> **의역** 하나님 집에서 심판을 시작할 때가 되었나니 만일 우리에게 먼저 하면 하나님의 복음을 순종치 아니하는 자들의 그 마지막이 어떠하며

2 And, "If it is hard for the righteous to be saved, what will become of the ungodly and the sinner?" (벧전4:18)

> **직역** "만약 정의로운 자들이 구원되는 일이 어렵다면, 신앙이 없는 자들과 죄인은 어떡하겠느냐?"
>
> **핵심구조** 가주어 it + 의미상의 주어 for the unrighteous + 진주어 to be saved
>
> **단어 및 숙어의 확장** [명사] sinner 죄인 [동사] save 구원하다, 구하다 [형용사] ungodly 신앙심 없는, 사악한, 죄 많은(=sinful)
>
> **해설** ① it은 가주어, for the unrighteous는 의미상의 주어, to be saved는 진주어이다. ② the righteous는 righteous people을, the ungodly는 ungodly people을 의미한다.
>
> **의역** 또 의인이 겨우 구원을 얻으면 경건치 아니한 자와 죄인이 어디 서리요

3 It would have been better for them not to have known the way of righteousness than to have known it and then to turn their backs on the sacred command that was passed on to them. (벧후2:21)

가목적어는 뒤에 오는 단어, 구, 절을 대표한다. 가목적어는 해석하지 않는다.

예문1 I thought it wrong to tell a lie. (나는 거짓말하는 것은 나쁘다고 생각했다)
(it은 가목적어, to이하는 진목적어)

예문2 Let's keep it secret that they got divorced.
(그들이 이혼했다는 것은 비밀로 해두자)
(it은 가목적어, that이하는 진목적어)

---

1 They think it strange that you do not plunge with them into the same flood of dissipation, and they heap abuse on you. (벧전4:4)

직역 그들은 이상하다고 생각한다 너희가 그들과 함께 방탕이라는 똑같은 홍수 속으로 뛰어들지 않은 것이, 그리하여 그들은 너희에 대한 욕설을 쌓는다

핵심구조 it + 형용사 strange + that

단어 및 숙어의 확장 [명사] flood 홍수, 범람, 수해 / dissipation 낭비, 방탕, 소실 / abuse 남용(학대)(하다) 폭행, 욕설 [동사] plunge 뛰어들다, 떨어지다, 추락하다 / heap 쌓다, 더미, 수많은

해설 it은 가목적어, that이하는(that...dissipation)는 진목적어이다.

의역 이러므로 너희가 저희와 함께 그런 극한 방탕에 달음질하지 아니하는 것을 저희가 이상히 여겨 비방하나

12 that의 관용구

> **now that＝since＝～이니까, ～때문에**

1 Like newborn babies, crave pure spiritual milk, so that by it you may grow up in your salvation, <u>now that</u> you have tasted that the Lord is good.

(벧전2:2-3)

직역 새로 태어난 아기들처럼, 순수하고 영적인 우유를 갈망해라, 그것에 의해서 너희가 너희 구원에서 성장할 수 있도록, 너희가 주님이 좋다는 것을 맛보았기 때문에

핵심구조 now that

단어 및 숙어의 확장 　**명사** salvation 구원, 구조 　**동사** taste 맛보다 / crave 열망(갈망)하다, 간절히 원하다 　**형용사** newborn 새로 태어난 / spiritual 영혼의, 영적인, 정신적인 / pure 순수한 　**숙어** grow up 자라다, 성장하다 / now that(=since) ～이니까

해설 ① now that은 since(=because)와 같다. ② so that + 주어 you + may + 동사원형 grow ③ tasted 다음에 오는 that은 종속접속사로서 생략되지 않은 채 그대로 쓰여 있다.

의역 갓난아이들과 같이 순전(純全)하고 신령한 젖을 사모하라 이는 이로 말미암아 너희로 구원에 이르도록 자라게 하려 함이라 너희가 주의 인자하심을 맛보았으면 그리하라

2 <u>Now that</u> you have purified yourselves by obeying the truth so that you have sincere love for your brothers, love one another deeply, from the heart. (벧전1:22)

직역 진리에 순종함으로써 너희자신을 깨끗하게 해왔기 때문에 그리하여 너희가 너희 형제들에 대한 신실한 사랑이 있는 것이니, 마음으로부터 깊이 서로 사랑하라

핵심구조 Now that

단어 및 숙어의 확장 동사 purify 정화하다, 깨끗하게 하다 / obey 복종하다, 순종하다 형용사 sincere 진지한, 신실한

해설 ① now that은 since(=because)와 같다. ② so that 다음에 결과의 부사절을 이끌면서 '그래서, 그때문에'의 뜻이 된다.

의역 너희가 진리를 순종함으로 너희 영혼을 깨끗하게 하여 거짓이 없이 형제를 사랑하기에 이르렀으니 마음으로 뜨겁게 피차 사랑하라

⑬ 동격의 that절

that 바로 앞에 있는 명사를 구체적으로 설명해주는 내용이 that 다음에 나온다. 이때 이 명사와 that 이하의 절은 동격이 되며 이때 that 이하의 절을 동격의 that절이라고 한다. 대표적인 관용표현으로는

① the fact that + S + V ―라는 사실
② the truth that + S + V―라는 진실
③ the news that + S + V―라는 소식
④ the rumor that + S + V―라는 소문
⑤ the hope that + S + V―라는 희망 등이 있다

예문1 The fact that he swims very fast is famous.
(그가 매우 빨리 수영한다는 사실은 유명하다)
(the fact=he swims very fast)

예문2 There is the hope that he will pass the test.
(그가 시험에 합격할 희망이 있다)
(the hope=he will pass the test)

예문3 The title 'Christian' is your <u>identification</u> that you carry with you wherever you go. ('기독교인'이라는 타이틀은 네가 어디가든지 너와 함께 가져가는 너의 증명서이다)

예문4 I heard <u>the news</u> that the man was a Canadian.
(나는 그 남자가 캐나다인이라는 소식을 들었다)

예문5 We heard <u>the rumor</u> that they got divorced.
(우리는 그들이 이혼했다는 소문을 들었다)

예문6 동격절이 동격의 명사와 떨어진 경우도 있다
<u>Word</u> came to me that she was magnificent on the stage.
(그녀가 무대에서 멋있었다는 말이 내게 들렸다)

1 You foolish man, do you want <u>evidence</u> that faith without deeds is useless?

(약2:20)

직역 너 어리석은 인간아, 너는 원하느냐 행함 없는 믿음이 무익하다는 증거를?

핵심구조 evidence + that + 주어 faith + 동사 is

단어 및 숙어의 확장 [명사] evidence 증거. / deed 행위. 행함 (do의 명사형)

해설 the evidence와 that 이하의 절은 동격이다.

의역 아아 허탄한 사람아 행함이 없는 믿음이 헛것인 줄 알고자 하느냐

02

분사의 정체를 파악하자

> ### 동사의 원형(R)에 ~ing를 덧붙인 것을 현재분사라고 한다.

1) 제한적 용법(또는 한정적)의 현재분사: 현재분사(~ing)는 명사의 앞뒤에 와서 그 명사를 꾸며주는 역할을 한다.

예1 a <u>sleeping</u> baby (잠자는 아기) (sleeping은 baby라는 명사를 꾸민다)

예2 a <u>running</u> boy (달리는 소년) (running은 boy라는 명사를 꾸민다)

예3 He pointed the beautiful flowers <u>growing</u> nearby.
(그는 근처에서 자라고 있는 아름다운 꽃들을 가리켰다)
(growing은 flowers를 꾸민다)

예4 Essential protection throughout the night helps minimize <u>existing</u> wrinkles and prevent the formation of new wrinkles.
(자기 전에 Essential protection을 사용하면 얼굴에 원래 있던 주름을 줄이고 새로운 주름이 생기는 것을 막아주는 데에 도움이 된다)
(existing은 현재분사의 제한적 용법으로서 wrinkles를 꾸민다)

2) 서술적 용법의 현재분사: 현재분사 (~ing)는 주어나 목적어를 설명해주는 역할을 한다.

예문1 The movie looks <u>exciting</u>. (그 영화는 흥미롭게 보인다)
(the movie가 exciting한다. exciting은 주격보어로서 주어 the movie를 설명

해준다)

예문2 I saw my dad <u>cooking</u> in the kitchen.
(나는 아빠가 부엌에서 요리하는 것을 보았다)
(dad가 cooking을 한다. cooking은 목적보어로서 목적어 dad를 설명해준다)

예문3 I saw God <u>breaking</u> down cultural barriers.
(나는 하나님께서 문화적 장벽을 무너뜨리는 것을 보았다)
(God이 breaking down한다. breaking은 목적보어로서 목적어 God을 설명해
준다)

예문4 He saw her <u>playing</u> the piano.
(그는 그녀가 피아노 치는 것을 보았다)
(her가 playing한다. playing은 목적보어로서 목적어 her를 설명해준다)

예문5 They found roaches and other bugs <u>living</u> in the food.
(그들은 바퀴벌레와 다른 벌레들이 음식 속에서 사는 것을 발견했다)
(roaches and other bugs가 living한다. living은 목적보어로서 목적어 roaches
and other bugs를 설명해준다)

① 현재분사(~ing)가 사용된 문장

현재분사의 제한적 용법

제한적 용법이란 명사의 앞뒤에서 그 명사를 꾸며주는 현재분사를 의미한다.

1 For you were like sheep <u>going</u> astray, but now you have returned
to the Shepherd and Overseer of your souls. (벧전2:25)

직역 왜냐하면 너희는 길을 잃은 양떼와 같았지만, 이제 너희는 목동이자 너희 영혼
의 감독에게로 돌아왔기 때문이다

명사 sheep + 현재분사 going

단어 및 숙어의 확장 　명사　 overseer 감독　숙어　 go astray 길을 잃다, 방황하다

해설 ① going은 sheep을 꾸며주는 제한적 용법의 현재분사이다. ② For는 Because의 뜻이다.

의역 너희가 전에는 양과 같이 길을 잃었더니 이제는 너희 영혼의 목자와 감독되신 이에게 돌아왔느니라

---

2 Be self-controlled and alert. Your enemy the devil prowls around like a <u>roaring</u> lion <u>looking</u> for someone to devour. (벧전5:8)

직역 극기하고 빈틈없이 해라. 너희 적 악마는 찾아헤매다 삼켜버릴 누군가를 찾는 으르렁대는 사자처럼

핵심구조 현재분사 roaring + 명사 lion / 명사 lion + 현재분사 looking

단어 및 숙어의 확장 　명사　 enemy / devil 　동사　 roar 으르렁거리다, 포효하다, 고함치다 / prowl (먹이를)찾아헤매다, 배회하다 / devour 게걸스럽게 먹다, 먹어치우다 　형용사　 self-controlled 자제하는, 극기하는 / alert 방심 않는, 정신을 바짝차린, 빈틈없는, 기민한 　숙어　 look for ~을 찾다

해설 ① roaring은 lion을 앞에서 꾸며주는 제한적 용법의 현재분사이다. looking은 lion 을 뒤에서 꾸며주는 제한적 용법의 현재분사이다. ② Your enemy와 the devil은 동격이다.

의역 근신하라 깨어라 너희 대적 마귀가 우는 사자같이 두루 다니며 삼킬 자를 찾나니

---

3 Every good and perfect gift is from above, coming down from the Father of the heavenly lights, who does not change like <u>shifting</u> shadows. (약1:17)

직역 모든 선하고 완벽한 선물은 위로부터 온 것이다, 천상의 빛으로 된 아버지로부터 내려오는 것인데, 그는 이동하는 그림자처럼 변하지 않는다.

핵심구조 현재분사 shifting + 명사 shadows

단어 및 숙어의 확장 명사 shadow 그림자 형용사 perfect 완벽한, 완전한 / heavenly 천상의, 천국의

해설 ① shifting은 shadows를 꾸며주는 제한적 용법의 현재분사이다. ② ,coming은 분사구문의 동시상황으로서 ,and comes로 바꿀 수 있다. ③,who는 관계대명사의 계속적 용법으로서 and He로 바꿀 수 있다.

의역 각양 좋은 은사와 온전한 선물이 다 위로부터 빛들의 아버지께로서 내려오나니 그는 변함도 없으시고 회전하는 그림자도 없으시니라

4 Suppose a man comes into your meeting <u>wearing</u> a gold ring and fine clothes, and a poor man in shabby clothes also comes in.

(약2:2)

직역 금반지를 끼고 멋진 옷을 입은 한 사람이 너희 모임에 들어오고, 낡은 옷을 입은 가난한 사람도 들어온다고 가정해보라

핵심구조 명사 a man + 현재분사 wearing

단어 및 숙어의 확장 동사 suppose 가정하다 형용사 shabby 닳아 해진, 누더기의, 초라한, 꾀죄죄한

해설 wearing은 a man을 꾸미는 제한적 용법의 현재분사이다.

의역 만일 너희 회당에 금가락지를 끼고 아름다운 옷을 입은 사람이 들어오고 또 더러운 옷을 입은 가난한 사람이 들어올 때에

5 (for that righteous man, <u>living</u> among them day after day, was tormented in his righteous soul by the lawless deeds he saw and heard)—

(벧후2:8)

직역 (왜냐하면 매일 그들 속에서 살고 있는 저 정의로운 사람이 그의 정의로운 영혼 속에서 괴롭힘을 당했기 때문이었다 그가 보고 들었던 무법적인 행위에 의해서)

핵심구조 명사 man + 현재분사 living

단어 및 숙어의 확장 동사 torment 괴롭히다, 고문하다 / hear 듣다 (hear-heard-heard)

/ see 보다 (see-saw-seen) [형용사] righteous 공정한, 바른, 정의의 / lawless 비합법적인, 무법의, 법률에 어긋나는 [숙어] day after day 매일 매일

[해설] ① living은 that righteous man을 꾸미는 제한적 용법의 현재분사이다. ② that은 형용사 righteous를 꾸며주기 때문에 지시부사이다. ③ deeds와 he 사이에 목적격관계대명사 that이 생략돼 있다.

[의역] (이 의인이 저희 중에 거하여 날마다 저 불법한 행실을 보고 들음으로 그 의로운 심령을 상하니라)

6 And we have the words of the prophets made more certain, and you will do well to pay attention to it, as to a light <u>shining</u> in a dark place, until the day dawns and the morning star rises in your hearts. (벧후1:19)

[직역] 우리는 예언자들의 말씀을 더욱 분명하게 하였으며, 너희는 그것에 주의하기 위해서 잘 할 것이다, 어두운 장소에서 빛나는 빛(등불)에 주의하듯이, 동이 트고 금성이 너희의 마음에 떠오를 때까지

[핵심구조] 명사 light + 현재분사 shining

[단어 및 숙어의 확장] [명사] prophet 예언자, 선지자 [숙어] pay attention to ~에 주의하다

[해설] ① shining은 light을 꾸미는 제한적 용법의 현재분사이다. ② 사역동사 have + 목적어 the words of the prophets + 과거분사 made

[의역] 또 우리에게 더 확실한 예언이 있어 어두운데 비취는 등불과 같으니 날이 새어 샛별이 너희 마음에 떠오르기까지 너희가 이것을 주의하는 것이 가(可)하니라

7 As you come to him, the <u>living</u> Stone—rejected by men but chosen by God and precious to him—you also, like <u>living</u> stones, are being built into a spiritual house to be a holy priesthood, offering spiritual sacrifices acceptable to God through Jesus Christ. (벧전2:4-5)

[직역] 너희가 그에게 갈 때, 살아 있는 돌, 즉 인간에 의해서는 거절당했지만, 하나님

에 의해서 선택받고 그에게 귀중한 돌인데—너희도 살아 있는 돌처럼 지어져서 영적인 집으로 들어가서 거룩한 성직이 되라, 예수 그리스도를 통하여 받아들일만한 영적인 제물을 하나님께 바치면서

핵심구조 현재분사 living + 명사 stones

단어 및 숙어의 확장 명사 priesthood 성직, 사제직 / sacrifice 희생, 제물 형용사 spiritual 정신의, 영적인, 종교적인, 영혼의 / acceptable 받아들일만한, 만족스러운 / precious 소중한, 귀중한, 중요한 동사 choose 선택하다 (choose-chose-chosen) / build 짓다, 세우다, 건설하다(build-built-built) / offer 주다, 제공하다 / reject 거절하다, 거부하다

해설 ① living은 stones를 꾸미는 제한적 용법의 현재분사이다. ② the living Stone과 rejected 사이와 the living Stone과 chosen 사이에는 주격관계대명사 that과 is가 각각 생략돼 있다. ③ rejected와 chosen 사이에는 주격관계대명사 that과 is가 생략되어 과거분사만 남게 되었다. 과거분사 rejected와 chosen이하는 명사 living Stone을 뒤에서 꾸며준다. ④ ,offering은 분사구문의 동시상황으로서 ,and offer로 바꿀 수 있다.

의역 사람에게는 버린 바가 되었으나 하나님께는 택하심을 입은 보배로운 산 돌이신 예수에게 나아와 너희도 산 돌같이 신령한 집으로 세워지고 예수 그리스도로 말미암아 하나님이 기쁘게 받으실 신령한 제사를 드릴 거룩한 제사장이 될 찌니라

8 If you show special attention to the man <u>wearing</u> fine clothes and say, "Here's a good seat for you," but say to the poor man, "You stand there" or "Sit on the floor by my feet," have you not discriminated among yourselves and become judges with evil thoughts?

(약2:3-4)

직역 만약 너희가 멋있는 옷을 입고 있는 사람에게 특별한 관심을 보이면서, "여기 당신을 위한 좋은 좌석이 있습니다"라고 말하지만, 가난한 사람에게는, "저쪽에 서시오"라거나 "내 발치 옆의 바닥에 앉으시오"라고 말한다면, 너희는 사람에 따라 차별대우해서 악한 생각으로 심판관이 되는 것이 아니냐?

핵심구조 명사 man + 현재분사 wearing

단어 및 숙어의 확장 〔통사〕 discriminate (~와~을)차별하다, (사람에 따라) 차별대우하다

해설 wearing은 the man을 꾸미는 제한적 용법의 현재분사이다.

의역 너희가 아름다운 옷을 입은 자를 돌아보아 가로되 여기 좋은 자리에 앉으소서 하고 또 가난한 자에게 이르되 너는 거기 섰든지 내 발등상 아래 앉으라 하면 너희끼리 서로 구별하며 악한 생각으로 판단하는 자가 되는 것이 아니냐

(팔복교회)

9 If anyone speaks, he should do it as one <u>speaking</u> the very words of God. If anyone serves, he should do it with the strength God provides, so that in all things God may be praised through Jesus Christ. To him be the glory and the power for ever and ever. Amen.

(벧전4:11)

직역 누군가가 말할 경우, 그는 그것을 하나님의 바로 그 말씀을 말하는 사람처럼 해야한다. 누군가가 봉사할 경우, 그는 그것을 하나님이 제공하신 힘으로 해야한다, 모든 일에 있어서 하나님이 예수 그리스도를 통하여 찬양받으실 수 있도록. 그에게 영광과 능력이 영원히 함께 하시기를. 아멘.

핵심구조 명사 one + 현재분사 speaking

단어 및 숙어의 확장 　**동사** praise 찬양하다, 칭찬하다, 찬미하다 (be praised 찬양받다, 칭찬받다) **형용사** strong 힘 센, 강한 (strength 힘)

해설 ① speaking은 one을 뒤에서 꾸며주는 제한적 용법의 현재분사이다. ② 마지막 문장은 기원문으로서 원래의 문장으로 고치면, May the glory and power be to him for ever and ever. 가 된다. ③ so that + 주어 God + may + 동사원형 be ~하기 위하여 ④ strength와 God 사이에는 목적격관계대명사 that이 생략돼 있다.

의역 만일 누가 말하려면 하나님의 말씀을 하는 것 같이 하고 누가 봉사하려면 하나님의 공급하시는 힘으로 하는 것같이 하라 이는 범사에 예수 그리스도로 말미암아 하나님이 영광을 받으시게 하려 함이니 그에게 영광과 권능이 세세에 무궁토록 있느니라 아멘

---

10 Peter, an apostle of Jesus Christ, To God's elect, strangers in the world, scattered throughout Pontus, Galatia, Cappadocia, Asia and Bithynia, <u>who</u> have been chosen according to the foreknowledge of God the Father, through the <u>sanctifying</u> work of the Spirit, for obedience to Jesus Christ and sprinkling by his blood: Grace and peace be yours in abundance.

(벧전1:1-2)

직역 예수 그리스도의 사도, 베드로가 폰투스, 갈라시아, 갑바도키아, 아시아와 비스니아 전역으로 흩어진 하나님에게서 선택된 자, 즉 이 세상의 이방인들에게 보냄, 이들은, 아버지 하나님의 선견지명에 의해서 뽑힌 자들이니, 성령의 신성한 작용을 통하고, 예수 그리스도에게 복종하기 위하여, 그리고 그의 피로 뿌림을 통해서: 너희들에게 은혜와 평화가 충만하기를

핵심구조 현재분사 sanctifying + 명사 work

단어 및 숙어의 확장 　**명사** apostle 사도 / elect 뽑힌 사람, 하나님의 선민, 소명을 받은, 하나님에게 선택된 / foreknowledge 예지, 선견지명, 통찰 / obedience 복종, 순종 **동사** scatter 흩뿌리다 / choose 선택하다 (choose-chose-chosen) / sprinkle ~을 뿌리다, 끼얹다, 흩뿌리다 / sanctify ~을 신성하게 하다, 축성하다, (죄 따위)씻다, 깨끗이 하다 **숙어** in abundance 풍부하게 / according to ~에 따라서

해설 ① sanctifying은 제한적 용법의 현재분사로서 명사 work을 꾸며준다. ② strangers

와 scattered 사이에 주격관계대명사 that과 were가 생략돼 있다. 과거분사 scattered 이하는 strangers를 꾸며주는 제한적 용법이다. ③ ,who는 관계대명사의 계속적 용법으로서 접속사+대명사로 바꾸면 ,and they가 된다. ④ Grace 앞에 May가 생략돼 있다.

의역 예수 그리스도의 사도 베드로는 본, 갈라디아, 갑바도기아, 아시아와 비두니아에 흩어진 나그네 곧 하나님 아버지의 미리 아심을 따라 성령의 거룩하게 하심으로 순종함과 예수 그리스도의 피뿌림을 얻기 위하여 택하심을 입은 자들에게 편지하노니 은혜와 평강이 너희에게 더욱 많을찌어다

---

② 과거분사(p.p.)가 사용된 문장

과거분사의 제한적 용법

과거분사의 제한적용법에서는 과거분사가 명사의 앞뒤에서 그 명사를 꾸며준다.

예1 fallen leaves: 떨어진 나뭇잎(낙엽) <fallen은 leaves를 꾸며준다>

예2 broken window: 깨진 창문 <broken은 window를 꾸며준다>

예3 Take 1/4 to 1/2 tea spoonful daily. Do not exceed stated dose. 정해진 복용량 <stated는 dose를 꾸며준다>

♦ 주격관계대명사+be동사가 생략된 채 과거분사만 남아있는 문장: 이때 과거분사 이하는 선행사인 명사를 뒤에서 꾸며준다.

예문1 They have a pretty daughter (who is) called Serin.
(그들에게는 세린이라고 불리는 예쁜 딸이 있다)
(주격관계대명사 who와 is가 생략되어 과거분사 called만 남았다. 이때 called 이하는 뒤에서 daughter를 꾸며준다)

예문2 She is a painter (who is) returned from Paris.
(그녀는 파리에서 돌아온 화가이다)
(주격관계대명사 who와 is가 생략되어 과거분사 returned만 남았다. 이때 returned이하는 뒤에서 painter를 꾸며준다)

('주격관계대명사 + be동사의 생략'을 참고할 것)

> **예문3** Kirkland Signature is a trademark (that is) <u>owned by the corporation</u>.
> (커클랜드 시그너춰는 그 회사가 소유한 상표이다)
> (주격관계대명사 that과 is가 생략되어 과거분사 owned만 남았다. 이때 owned 이하는 뒤에서 trademark를 꾸며준다)

1 Therefore get rid of all moral filth and the evil that is so prevalent and humbly accept the word ✓ <u>planted in you</u>, which can save you.

(약1:21)

> **직역** 그러므로 모든 도덕적 더러움과 너무도 널리 퍼진 악을 제거하고 네 안에 심겨진 그 말을 겸손하게 받아들여라, 그것이 너희를 구할 수 있기 때문이다.
>
> **핵심구조** 명사 the word + 과거분사 planted
>
> **단어 및 숙어의 확장** 〔명사〕 filth 오물, 불결한 것, 불결, 부정, 도덕적 부패, 타락 〔동사〕 plant (~을) 뿌리다, 심다 / save 구하다, 구원하다 〔형용사〕 moral 도덕적인, 도덕의 / prevalent 널리 퍼진 〔부사〕 humbly 겸손하게, 비하해서, 초라하게, 천한 신분으로 〔숙어〕 get rid of(=remove=eliminate) 없애다, 제거하다
>
> **해설** ① planted in you는 word 뒤에서 명사 word를 꾸며주는 제한적 용법의 과거분사이다. ② the evil과 so 사이에 주격관계대명사 that과 be동사 is가 생략되지 않은 채 그대로 쓰여 있다. ③ ,which는 관계대명사의 계속적 용법으로서 ,for it으로 바꿀 수 있다.
>
> **의역** 그러므로 모든 더러운 것과 넘치는 악을 내어 버리고 능히 너희 영혼을 구원할 바 마음에 심긴 도를 온유함으로 받으라

2 If you really keep the royal law ✓ <u>found in Scripture</u>, "Love your neighbor as yourself," you are doing right. (약2:8)

> **직역** 만약 너희가 진정으로 성경에서 발견된 중요한 법, 즉 "너희 이웃을 네 자신처럼 사랑하라" 를 지킨다면, 너희는 옳은 일을 하는 중이다
>
> **핵심구조** 명사 law + 과거분사 found
>
> **단어 및 숙어의 확장** 〔명사〕 the Scripture 성서 〔형용사〕 royal 왕족의, 왕의

해설 found in Scripture는 명사 law 뒤에서 law를 꾸며주는 제한적 용법의 과거분사이다.

의역 너희가 만일 경에 기록한 대로 네 이웃 사랑하기를 네 몸과 같이 하라 하신 최고한 법을 지키면 잘하는 것이거니와

---

3 She who is in Babylon, ✓ <u>chosen together with you</u>, sends you her greetings, and so does my son Mark.

(벧전5:13)

직역 너희와 함께 선택된 바빌론에 있는 그 여자가 너희에게 그녀의 인사를 보낸다, 그리고 나의 아들 마가도 (인사를) 보낸다

핵심구조 대명사 She + 과거분사 chosen

단어 및 숙어의 확장 동사 choose 선택하다 (choose-chose-chosen)

해설 ① chosen은 She를 뒤에서 꾸며주는 제한적 용법의 과거분사이다. ② so does my son Mark는 도치된 문장으로서, 원래의 문장으로 고치면, my son Mark sends you his greetings, too.가 된다. ③ Babylon과 chosen 사이에 주격관계대명사 that과 is가 생략돼 있다.

의역 함께 택하심을 받은 바벨론에 있는 교회가 너희에게 문안하고 내 아들 마가도 그리하느니라

성경해설 여기에서 she는 교회(church)를 의미한다.

---

4 Your beauty should not come from outward adornment, such as <u>braided</u> hair and the wearing of gold jewelry and fine clothes.

(벧전3:3)

직역 너희의 아름다움은 외부적 장식에서 와서는 안 된다, 장식한 머리와 금보석을 다는 것과 좋은 옷을 입는 것과 같은

핵심구조 과거분사 braided + 명사 hair

단어 및 숙어의 확장 명사 adornment 장식품, 장식, 꾸미기 / jewelry 보석, 악세사리, 장식구, 귀금속 동사 braid 땋다, 묶다 형용사 braided 땋은, 꼰, 장식한 / outward 밖을 향한, 밖으로 가는, 표면상의, 외부의

해설 ① braided는 hair를 앞에서 꾸며주는 제한적 용법의 과거분사이다. ② such as ~와 같은

의역 너희 단장은 머리를 꾸미고 금을 차고 아름다운 옷을 입는 외모로 하지 말고

---

5 But when he asks, he must believe and not doubt, because he who doubts is like a wave of the sea, ✓blown and ✓tossed by the wind.

(약1:6)

직역 그러나 그가 질문할 때, 그는 믿어야하고 의심해서는 안 된다, 왜냐하면 의심하는 자는 바람에 불려서 던져진 바다의 파도와 같기 때문이다.

핵심구조 명사 a wave of the sea + 과거분사 blown and tossed

단어 및 숙어의 확장 【동사】 blow 바람이 불다 (blow-blew-blown) / toss (가볍게 아무렇게나) 던지다

해설 a wave of the sea와 blown and tossed 사이에는 주격관계대명사 that과 is가 생략돼 있다. 과거분사 blown and tossed 이하는 a wave of the sea를 뒤에서 꾸며준다.

의역 오직 믿음으로 구하고 조금도 의심하지 말라 의심하는 자는 마치 바람에 밀려 요동하는 바다 물결 같으니

---

6 Who is wise and understanding among you? Let him show it by his good life, by deeds ✓ done in the humility that comes from wisdom.

(약3:13)

직역 너희 중에서 누가 현명하고 이해심이 있느냐? 그로 하여금 그의 선한 삶과 행함에 의해서 그것을 보여주게 하라 지혜로부터 오는 겸손으로 행해진

핵심구조 명사 deeds + 과거분사 done

단어 및 숙어의 확장 【명사】 wisdom 지혜 / humility 겸손, 겸허 / deed 행위, 행실, 행함 / understanding 이해심 【동사】 do 행하다 (do-did-done)

해설 ① done은 제한적 용법의 과거분사로서 done 이하는 명사 deeds를 꾸며준다.

② deeds와 done 사이에 주격관계대명사 that과 are가 생략돼 있다. ③ humility 다음에 오는 that은 주격관계대명사이고 바로 뒤에 오는 일반동사 comes는 생략할 수 없다. ④ Let은 사역동사로서 목적어 him 다음에 동사원형 show가 온다.

[의역] 너희 중에 지혜와 총명이 있는 자가 누구뇨 그는 선행으로 말미암아 지혜의 온유함으로 그 행함을 보일찌니라

---

7 And the prayer ✓ <u>offered in faith</u> will make the sick person well: the Lord will raise him up. If he has sinned, he will be forgiven.

(약5:15)

[직역] 믿음으로 드려지는 기도는 병든 사람을 낫게 만들 것이다. 즉 하나님은 그를 부활시킬 것이다. 죄를 진 적이 있더라도, 그는 용서받을 것이다

[핵심구조] 명사 the prayer + 과거분사 offered

[단어 및 숙어의 확장] [동사] offer 주다, 제공하다 / sin 죄를 짓다 / forgive 용서하다 (forgive-forgave-forgiven) [숙어] raise up 들어올리다, 부활시키다

[해설] ① offered는 명사 prayer를 뒤에서 꾸며주는 제한적 용법의 과거분사이다. ② prayer와 offered 사이에 주격관계대명사 that과 is가 생략돼 있다. ③ if는 though(비록~일지라도)의 뜻이다.

[의역] 믿음의 기도는 병든 자를 구원하리니 주께서 저를 일으키시리라 혹시 죄를 범하였을찌라도 사하심을 얻으리라

---

8 I want you to recall the words ✓ <u>spoken in the past by the holy prophets</u> and the command ✓ <u>given by our Lord and Savior through your apostles.</u>

(벧후3:2)

[직역] 나는 너희가 기억하기를 원한다 거룩한 선지자들이 과거에 말했던 말씀들과 너희 사도들을 통해서 우리 주 구세주가 주셨던 명령을

[핵심구조] 명사 words + 과거분사 spoken
명사 command + 과거분사 given

[단어 및 숙어의 확장] [명사] prophet 예언자, 선지자 / command 명령 / Savior 구세주,

구원자 / apostle 사도 [동사] recall 상기하다, 기억하다, 소환하다 / speak 말하다 (speak-spoke-spoken) / give 주다 (give-gave-given)

[해설] ① spoken은 명사 words를 뒤에서 꾸며주는 제한적 용법의 과거분사이다.
② given은 명사 command를 뒤에서 꾸며주는 제한적 용법의 과거분사이다.
③ 제한적 용법의 words와 spoken 사이에는 주격관계대명사 that과 be동사 were가 생략돼 있다. ④ command와 given 사이에는 주격관계대명사 that과 be동사 was가 생략돼 있다. ⑤ want 다음에는 목적어가 오고 목적어 다음에는 반드시 to + R가 와야 한다.

[의역] 곧 거룩한 선지자의 예언한 말씀과 주 되신 구주께서 너희의 사도들로 말미암아 명하신 것을 기억하게 하려 하노라

9 We did not follow cleverly <u>invented</u> stories when we told you about the power and coming of our Lord Jesus Christ, but we were eyewitnesses of his majesty. (벧후1:16)

[직역] 우리는 솜씨 있게 발명된 이야기를 따르지 않았다 우리가 너희에게 우리 주님 예수 그리스도의 능력과 오심에 관하여 말했을 때, 그러나 우리는 그의 위엄에 대한 목격자였다

[핵심구조] 과거분사 invented + 명사 stories

[단어 및 숙어의 확장] [명사] eyewitness 목격자, 실지 증인 / majesty 위엄, 장엄, 권위, 주권 [부사] cleverly 영리하게, 솜씨 있게, 잘

[해설] invented는 명사 stories를 앞에서 꾸며주는 제한적 용법의 과거분사이다.

[의역] 우리 주 예수 그리스도의 능력과 강림하심을 너희에게 알게 한 것이 공교히 만든 이야기를 좋은 것이 아니요 우리는 그의 크신 위엄을 친히 본 자라

10 But these men blaspheme in matters they do not understand. They are like brute beasts, creatures of instinct, ✓ <u>born only to be caught and destroyed</u>, and like beasts they too will perish. (벧후2:12)

[직역] 그러나 이 사람들은 그들이 이해하지 않는 문제들을 모독한다. 그들은 야만적

인 짐승, 즉 본능적인 피조물과 같다, 다만 사로잡혀서 소멸되어지도록 태어난, 그리고 그들은 또한 사라질 짐승과 같다

핵심구조 명사 beasts, creatures + 과거분사 born

단어 및 숙어의 확장 **명사** beast 짐승, 금수, 동물 / creature (신의)창조물, 피조물, 생물 **동사** blaspheme (신, 신성한 것에 대하여)불경스러운 말을 하다, 모독하다 / catch 잡다 (catch-caught-caught) / bear 태어나다 (bear-bore-born) / destroy 파괴하다, 부수다, 분쇄하다, 소멸시키다 / perish 멸망하다, 죽다, 썩어없어지다, 사라지다 **형용사** brute 금수와 같은, 잔인한, 야만적인

해설 ① born은 명사 beasts, creatures of instinct를 뒤에서 꾸며주는 제한적 용법의 과거분사이다. ② matters와 they 사이에 목적격관계대명사 that이 생략돼 있다. ③ beasts, creatures와 born 사이에 주격관계대명사 that과 are가 생략돼 있다.

의역 그러나 이 사람들은 본래 잡혀 죽기 위하여 난 이성 없는 짐승 같아서 그 알지 못한 것을 훼방하고 저희 멸망 가운데서 멸망을 당하며

11 But you are a <u>chosen</u> people, a royal priesthood, a holy nation, a people belonging to God, that you may declare the praises of him who called you out of darkness into his wonderful light. (벧전2:9)

직역 그러나 너희는 선택받은 민족이며, 왕실의 제사장이며, 거룩한 나라이며, 하나님께 속한 민족이다, 어둠으로부터 그의 놀라운 빛으로 너희를 불렀던 그에 대한 찬양을 너희가 선언할 수 있도록

핵심구조 과거분사 chosen + 명사 people

단어 및 숙어의 확장 **명사** priesthood 제사장, 성직 / praise 찬양, 찬미 **형용사** royal 왕실의, 왕족 / chosen 선택된 (choose 선택하다: choose-chose-chosen) **숙어** belong to ∼에 속하다

해설 ① chosen은 명사 people 앞에서 people을 꾸며주는 제한적 용법의 과거분사이다. ② that 앞에 so가 생략돼 있다. so that + S + may + R=∼하기 위하여

의역 오직 너희는 택하신 족속이요 왕 같은 제사장들이요 거룩한 나라요 그의 소유된 백성이니 이는 너희를 어두운 데서 불러내어 그의 기이한 빛에 들어가게 하신 자의 아름다운 덕을 선전(宣傳)하게 하려 하심이라

12 Through these he has given us his very great and precious promises, so that through them you may participate in the divine nature and escape the corruption in the world ✓ <u>caused by evil desires.</u>

(벧후1:4)

> 직역 이것들을 통하여 그는 우리에게 그의 매우 위대하고 귀중한 약속을 주셨다, 그들을 통하여 너희가 신성에 참여하고 악한 욕망에 의해 초래되는 세상의 타락을 도피할 수 있도록
>
> 핵심구조 명사 corruption + 과거분사 caused
>
> 단어 및 숙어의 확장 [명사] corruption 부패, 타락, 부정 [숙어] participate in=take part in=참석하다
>
> 해설 ① caused by evil desires는 명사 world를 뒤에서 꾸며주는 제한적 용법의 과거분사이다.
> ② world와 caused 사이에 주격관계대명사 that과 be동사 is가 생략돼 있다.
> ③ so that + 주어 you + may + 동사원형 ~하도록
>
> 의역 이로써 그 보배롭고 지극히 큰 약속을 우리에게 주사 이 약속으로 말미암아 너희로 정욕을 인하여 세상에서 썩어질 것을 피하여 신의 성품에 참예하는 자가 되게 하려 하셨으니

13 Submit yourselves for the Lord's sake to every authority ✓ <u>instituted among men:</u> whether to the king, as the supreme authority, or to governors, who are sent by him to punish those who do wrong and to commend those who do right.

(벧전2:13-14)

> 직역 제발 인간들 사이에 설치된 모든 권위에 복종하라. 최상의 권위로서 왕에게든지 혹은 통치자에게든지, 왜냐하면 그들은 나쁜 일을 하는 자들을 벌주고 옳은 일을 하는 자들을 칭찬하기 위하여 그에 의해서 보내지기 때문이다
>
> 핵심구조 명사 authority + 과거분사 instituted
>
> 단어 및 숙어의 확장 [명사] authority 권위, 권력, 위신, 권한, 직권, 허가 / governor 통치자, 지배자 [동사] institute (제도, 습관을) 만들다, 설치하다, 설립하다, 제정

하다, 실시하다 / send 보내다 (send-sent-sent) / punish 벌주다 / commend 칭찬하다 [형용사] supreme 최고의, 최상의 [숙어] whether A or B: A든지 B든지 / submit oneself 복종시키다, 따르게 하다(to) / for the Lord's sake 제발, 아무쪼록, 부디

해설 ① instituted는 authority를 뒤에서 꾸며주는 제한적 용법의 과거분사이다.
② authority와 instituted 사이에 주격관계대명사 that과 is가 생략돼 있다.
③ ,who는 계속적 용법의 관계대명사로서 접속사+대명사로 바꾸면 ,for they가 된다.

의역 인간에 세운 모든 제도를 주를 위하여 순복(順服)하되 혹은 위에 있는 왕이나 혹은 악행하는 자를 징벌하고 선행하는 자를 포장(襃獎)하기 위하여 그의 보낸 방백에게 하라

---

14 It was revealed to them that they were not serving themselves but you, when they spoke of the things that have now been told you by those who have preached the gospel to you by the Holy Spirit ✓ sent from heaven. Even angels long to look into these things.

(벧전1:12)

직역 그들에게 드러났다 그들이 그들 자신이 아니라 너희를 섬기는 것이. 왜냐하면 그때 하늘에서 보낸 성령에 의해서 너희에게 복음을 가르쳐온 사람들에 의해서 이제는 너희에게 들려준 것들에 대해서 그들이 말했기 때문이다. 천사들조차도 이러한 것들을 조사하기를 갈망한다

핵심구조 명사 the Holy Spirit + 과거분사 sent

단어 및 숙어의 확장 [동사] speak 말하다 (speak-spoke-spoken) / tell 말하다 (tell-told-told) / send 보내다 (send-sent-sent) / preach 설교하다 / serve 섬기다, 봉사하다 / reveal 드러내다, 보여주다

해설 ① sent는 the Holy Spirit를 뒤에서 꾸며주는 제한적 용법의 과거분사이다.
② ,when은 관계부사의 계속적 용법으로서 ,for then으로 바꿀 수 있다. ③ 주격관계대명사 that은 뒤에 일반동사 have been told가 왔으므로 생략할 수 없다.
④ the Holy Spirit과 sent 사이에 주격관계대명사 that과 was가 생략돼 있다.
⑤ It은 가주어, that이하는 진주어이다.

이 섬긴 바가 자기를 위한 것이 아니요 너희를 위한 것임이 계시로 알게 되었으니 이것은 하늘로부터 보내신 성령을 힘입어 복음을 전하는 자들로 이제 너희에게 고한 것이요 천사들도 살펴보기를 원하는 것이니라

15 As you come to him, the living Stone—✓ rejected by men but ✓ chosen by God and precious to him—you also, like living stones, are being built into a spiritual house to be a holy priesthood, offering spiritual sacrifices acceptable to God through Jesus Christ.

(벧전2:4-5)

직역 너희가 그에게 갈 때, 살아 있는 돌, 즉 인간에 의해서는 거절당했지만, 하나님에 의해서 선택받고 그에게 귀중한 것인데—너희도 살아 있는 돌처럼 지어져서 영적인 집으로 들어가서 거룩한 성직이 되며, 예수 그리스도를 통하여 받아들일만한 영적인 제물을 하나님께 바친다

핵심구조 명사 the living Stone + 과거분사 rejected
+ 과거분사 chosen

단어 및 숙어의 확장 명사 priesthood 성직, 사제직, 제사장 / sacrifice 희생, 제물 동사 choose 선택하다 (choose-chose-chosen) / build 짓다, 세우다, 건설하다 (build-built-built) / offer 주다, 제공하다 / reject 거절하다, 거부하다 형용사 spiritual 정신의, 영적인, 종교적인, 영혼의 / acceptable 받아들일만한, 만족스러운 / precious 소중한, 귀중한, 중요한

해설 ① rejected와 chosen 사이에는 주격관계대명사 that과 is가 생략되어 과거분사만 남게 되었다. 과거분사 rejected와 chosen이하는 명사 living Stone을 뒤에서 꾸며주는 제한적 용법의 과거분사이다. ② living은 stones를 꾸미는 제한적 용법의 현재분사이다. ③ ,offering은 분사구문의 동시상황으로서 ,and offer로 바꿀 수 있다.

의역 사람에게는 버린 바가 되었으나 하나님께는 택하심을 입은 보배로운 산 돌이신 예수에게 나아와 너희도 산 돌같이 신령한 집으로 세워지고 예수 그리스도로 말미암아 하나님이 기쁘게 받으실 신령한 제사를 드릴 거룩한 제사장이 될찌니라

16 Be shepherds of God's flock that is under your care, serving as overseers—not because you must, but because you are willing, as God wants you to be; not greedy for money, but eager to serve; not lording it over those ✓ <u>entrusted to you</u>, but being examples to the flock.

(벧전5:2-3)

직역 너희의 보호 아래에 있는 하나님의 무리의 목자가 되어라, 감독으로서 섬기면서—너희가 해야만 해서가 아니라 기꺼이 해야하기 때문이다. 하나님이 너희가 존재하기를 원하시는 것처럼; 돈에 대한 탐욕으로가 아니라, 몹시 섬기고 싶어서이다; 너희에게 위탁된 자들에게 주인행세하는 것이 아니라, 무리들에게 본보기가 되기 위해서이다

핵심구조 명사 those + 과거분사 entrusted

단어 및 숙어의 확장 명사 shepherd 목자, 목동 / flock 무리, 떼, 군중, 신도, 회중 / overseer 감독, 관리자 동사 entrust 맡기다, 위임(위탁)하다 (to) 형용사 greedy 욕심 많은, 탐욕스러운 (for)(of) / entrusted 맡겨진, 위탁받은 숙어 be eager to R: 몹시 ~하고 싶어하다 / be willing to R: 기꺼이 ~하다 / not because A but because B: A가 아니라 B이다 / lord-over: 주인행세하다, 좌지우지하다, 마구 뽐내다

해설 ① entrusted는 명사 those를 뒤에서 꾸며주는 제한적 용법의 과거분사이다. ② ,serving은 분사구문의 동시상황으로서 and serve로 바꿀 수 있다. ③ want + O + to be ④ those와 entrusted 사이에 주격관계대명사 that과 be동사 are가 생략돼 있다. ⑤ God's flock과 under your cage 사이에 주격관계대명사 that과 be동사 is가 생략되지 않은 채 그대로 쓰여 있다.

의역 너희 중에 있는 하나님의 양 무리를 치되 부득이함으로 하지 말고 오직 하나님의 뜻을 좇아 자원함으로 하며 더러운 이를 위하여 하지 말고 오직 즐거운 뜻으로 하며 맡기운 자들에게 주장하는 자세를 하지 말고 오직 양 무리의 본이 되라

---

17 Peter, an apostle of Jesus Christ, To God's elect, strangers in the world, ✓ <u>scattered throughout Pontus, Galatia, Cappadocia, Asia and Bithynia</u>, who have been chosen according to the foreknowledge of God the Father, through the sanctifying work of the Spirit, for obedience to Jesus Christ and sprinkling by his blood: Grace and peace be yours in abundance. (벧전1:1-2)

직역 예수 그리스도의 사도, 베드로가 폰투스, 갈라시아, 갑바도키아, 아시아와 비스니아 전역으로 흩어진 하나님에게서 선택된 자, 즉 이 세상의 이방인들에게 보냄, 이들은, 아버지 하나님의 선견지명에 의해서 뽑힌 자들이니, 성령의 신성한 작용을 통하고, 예수 그리스도에게 복종하기 위하여, 그리고 그의 피로 뿌림을 통해서: 너희들에게 은혜와 평화가 충만하기를

핵심구조 명사 strangers + 과거분사 scattered

단어 및 숙어의 확장 **명사** apostle 사도 / elect 뽑힌 사람, 하나님의 선민, 소명을 받은, 하나님에게 선택된 / foreknowledge 예지, 선견지명, 통찰 / obedience 복종, 순종 **동사** scatter 흩뿌리다 / choose 선택하다 (choose-chose-chosen) / sprinkle ~을 뿌리다, 끼었다, 흩뿌리다 / sanctify ~을 신성하게 하다, 축성하다, (죄 따위)씻다, 깨끗이 하다 **숙어** in abundance 풍부하게 / according to ~에 따라서

해설 ① scattered 이하는 strangers를 뒤에서 꾸며주는 제한적 용법의 과거분사이다. ② strangers와 scattered 사이에 주격관계대명사 that과 were가 생략돼 있다. ③ ,who는 관계대명사의 계속적 용법으로서 접속사+대명사로 바꾸면 ,and they가 된다.
④ sanctifying은 제한적 용법의 현재분사로서 명사 work을 꾸며준다. ⑤ Grace 앞에 May가 생략돼 있다.

의역 예수 그리스도의 사도 베드로는 본, 갈라디아, 갑바도기아, 아시아와 비두니아에 흩어진 나그네 곧 하나님 아버지의 미리 아심을 따라 성령의 거룩하게 하심으로 순종함과 예수 그리스도의 피뿌림을 얻기 위하여 택하심을 입은 자들에게 편지하노니 은혜와 평강이 너희에게 더욱 많을찌어다

③ 분사구문의 부대상황(동시상황)이 쓰인 문장

> ① ~ing(또는 ~ed), 주어 + 동사   〈분사구문〉

♣ 부사절을 분사구문으로 고치는 공식

① 종속절 안의 접속사를 생략한다.
② 중심되는 주절의 주어와 종속절의 주어가 같을 경우, 종속절의 주어를 생략한다.
③ 종속절의 동사의 원형에 ~ing를 붙인다.

예문1 If you turn to the left, you will find Hanyoung Theological University.
(왼편으로 돌면, 한영신학대학교를 발견할 것이다)
→Turning to the left, you will find HYTU.

예문2 Because he was tired, he went to bed early.
(피곤했으므로 그는 일찍 잠자리에 들었다)
→(Being) Tired, he went to bed early.

♣ 분사구문을 다시 부사절로 바꾸는 공식

① 분사구문과 주절의 앞뒤 문맥을 살핀 후, 생략했던 접속사를 다시 사용한다. 이때 대부분의 접속사는 If, When, After, As, Because, Since, Though 등이다.
② 생략했던 종속절의 주어를 다시 살려준다.
③ ~ing를 삭제하고 주절의 동사와 시제를 일치시켜서 종속절의 동사를 다시 사용한다.

예문1 Turning to the left, you will find HYTU.
→ If you turn to the left, you will find Hanyoung Theological University.
(왼편으로 돌면, 한영신학대학교를 발견할 것이다)

예문2 (Being) Tired, he went to bed early.
→Because he was tired, he went to bed early.
(피곤했으므로 그는 일찍 잠자리에 들었다)

♣ 분사구문의 동시상황

```
① 현재분사(~ing), S + V
② S + V, 현재분사(~ing)
```

원래 주격보어로서 주절의 동작이 일어날 때의 주어의 상황을 나타내준다.
현재분사를 동사로 바꾸고 접속사 and로 연결할 수 있다. 부대상황은 독립분사구문
에 속한다.

예문1 Walking on tiptoe, I approached the riverside.
=I walked on tiptoe and approached the riverside.
(발끝으로 걸어서 나는 강가에 다가갔다)
(Walking은 분사구문의 동시상황으로서 walked and로 바꿀 수 있다)

예문2 Singing gospel songs, Jungeun had a good time.
=Jungeun sang gospel songs and had a good time.
(복음성가를 부르면서 정은이는 즐겁게 보냈다)
(Singing은 분사구문의 동시상황으로서 sang and로 바꿀 수 있다)

예문3 Wicked people managed to take away his family's house and land, leaving them
with nothing. =Wicked people managed to take away his family's house and
land, and left them with nothing.
(사악한 사람들이 그의 가족의 집과 땅을 빼앗아가고, 그들에게 아무것도 남
겨주지 않았다)
(leaving은 분사구문의 동시상황으로서 ,and left로 바꿀 수 있다)

예문4 Liftan INTENSIVE invigorates and firms skin, helping to prevent new wrinkles
from forming.
(립탠 인텐시브는 피부를 활기 있게 하고 탄탄하게 해주며, 새 주름이 생기는
것을 막는 데 도움을 준다)
(helping은 분사구문의 동시상황으로서 ,and helps로 바꿀 수 있다)

---

1 To this you were called, because Christ suffered for you, leaving
you an example, that you should follow in his steps. (벧전2:21)

직역 이것을 위하여 너희가 불림을 받았다, 왜냐하면 그리스도께서 너희를 위하여
고난을 겪으셨고, 너희에게 하나의 본보기를 남겨두셨기 때문이다, 너희가 그

의 자취를 따르게 하도록

핵심구조 주어 you + 동사 were called + ,leaving

단어 및 숙어의 확장 [동사] suffer 고통을 겪다 / leave 떠나다, 남겨두다 (leave-left-left)

해설 ① ,leaving은 분사구문의 동시상황으로서 ,and left로 바꿀 수 있다. ② that 앞에는 so가 생략되었으며 may 대신에 should가 쓰였다. (so) that you should + R ~하기 위하여

의역 이를 위하여 너희가 부르심을 입었으니 그리스도도 너희를 위하여 고난을 받으사 너희에게 본을 끼쳐 그 자취를 따라오게 하려 하셨느니라

---

2 Each one should use whatever gift he has received to serve others, faithfully administering God's grace in its various forms. (벧전4:10)

직역 각 자는 사용해야한다 그가 받은 재능이면 무엇이든지 다른 사람들을 섬기기 위하여, 하나님의 은혜를 그것의 다양한 형태로 충실하게 관리하면서

핵심구조 주어 Each one + 동사 should use + ,administering

단어 및 숙어의 확장 [동사] administer 관리하다, 실시하다, 운영하다, 집행하다 [형용사] various 다양한 [부사] faithfully 충실하게

해설 ① ,administering은 분사구문의 동시상황으로서 ,and administer로 바꿀 수 있다. ② whatever는 복합관계대명사로서 '무엇이든지'의 뜻이다. 이 문장에서는 whatever 다음에 명사(gift)가 와서 '무슨 재능이든지'가 된다.

의역 각각 은사를 받은 대로 하나님의 각양 은혜를 맡은 선한 청지기같이 서로 봉사하라

---

3 First of all, you must understand that in the last days scoffers will come, scoffing and following their own evil desires. (벧후3:3)

직역 우선, 너희는 이해해야 한다 마지막 날에 조소하는 사람들이 오리라는 것을, 그들 자신의 악한 욕망들을 비웃고 따르면서

핵심구조 주어 scoffers + 동사 will come + ,scoffing and following

4 By the same word the present heavens and earth are reserved for fire, being kept for the day of judgment and destruction of ungodly men.

(벧후3:7)

5 For if God did not spare angels when they sinned, but sent them to hell, putting them into gloomy dungeons to be held for judgment;

(벧후2:4)

단어 및 숙어의 확장 〔명사〕 dungeon 지하감옥, 아성 / judgment 판단, 심판, 판결 / hell 지옥 〔동사〕 send 보내다 (send-sent-sent) / spare 용서해주다, 베풀다 / sin 죄를 짓다 〔형용사〕 gloomy 우울한, 비관적인, 어두운

해설 ① ,putting은 분사구문의 동시상황으로서 ,and put으로 바꿀 수 있다. ② if는 아무 의미가 없다.

📂 NLT version으로 2Peter2-8을 살펴보자:

For God did not spare even the angels who sinned. He threw them into hell, in gloomy pits of darkness, where they are being held until the day of judgment. And God did not spare the ancient world—except for Noah and the seven others in his family. Noah warned the world of God's righteous judgment. So God protected Noah when he destroyed the world of ungodly people with a vast flood. Later, God condemned the cities of Sodom and Gomorrah and turned them into heaps of ashes. He made them an example of what will happen to ungodly people. But God also rescued Lot out of Sodom because he was a righteous man who was sick of the shameful immorality of the wicked people around him. Yes, Lot was a righteous man who was tormented in his soul by the wickedness he saw and heard day after day.

의역 하나님이 범죄한 천사들을 용서치 아니하시고 지옥에 던져 어두운 구덩이에 두어 심판 때까지 지키게 하셨으며

---

6 Resist him, <u>standing</u> firm in the faith, because you know that your brothers throughout the world are undergoing the same kind of sufferings.

(벧전5:9)

직역 그에게 저항해라, 믿음으로 확고한 상태가 되어, 왜냐하면 너희는 알기 때문이다 세상을 통하여 너희의 형제들이 똑같은 종류의 고통을 겪고 있다는 것을

핵심구조 주어(You) + 동사 resist + ,standing

단어 및 숙어의 확장 〔동사〕 resist ~에 저항하다, 격퇴하다 / stand (상태)~이다 / undergo (영향)받다, 입다 (시련)경험하다, 겪다, 당하다 〔형용사〕 firm 굳은, 단단한, 견고한, 확고한

해설 ① standing은 분사구문의 동시상황으로서 and stand로 바꿀 수 있다. ② that은 종속접속사이다.

의역 너희는 믿음을 굳게 하여 저를 대적하라 이는 세상에 있는 너희 형제들도 동일한 고난을 당하는 줄을 앎이니라

7 With the help of Silas, whom I regard as a faithful brother, I have written to you briefly, <u>encouraging</u> you and <u>testifying</u> that this is the true grace of God. Stand fast in it. (벧전5:12)

> **직역** 사일러스의 도움으로, 나는 그를 충성스러운 형제로 여기는데, 나는 너희에게 간략하게 편지를 써왔다, 너희를 격려하고 간증하면서 이것이 하나님의 진실한 은혜임을. 그 안에 굳게 서라

> **핵심구조** 주어 I + 동사 have written + ,encouraging and testifying

> **단어 및 숙어의 확장** [동사] testify 증거하다, 간증하다 / write 쓰다 (write-wrote-written) / encourage 격려하다, 사기를 북돋다 [부사] briefly 간략하게 말하면, 간단하게 / fast 굳게, 꽉 [숙어] regard A as B: A를 B로 간주하다, 여기다

> **해설** ① ,encouraging and testifying은 분사구문의 동시상황으로서 and encourage and testify로 바꿀 수 있다. ② ,whom은 관계대명사의 계속적 용법으로서 접속사+대명사로 바꾸면 and him이 된다. ③ that은 앞에 동사 encourage and testify, 뒤에 주어+동사가 왔으므로 종속접속사이다.

> **의역** 내가 신실한 형제로 아는 실루아노로 말미암아 너희에게 간단히 써서 권하고 이것이 하나님의 참된 은혜임을 증거하노니 너희는 이 은혜에 굳게 서라

8 But the man who looks intently into the perfect law that gives freedom, and continues to do this, not <u>forgetting</u> what he has heard, but <u>doing</u> it—he will be blessed in what he does. (약1:25)

> **직역** 그러나 그 사람, 즉 자유를 부여하는 완벽한 법을 의도적으로 조사하고, 이것을 행하기를 계속하며, 그가 들었던 것을 잊지 않고, 그것을 행하는 그 사람, 즉 그는 그가 행하는 일에 축복을 받을 것이다.

> **핵심구조** 주어 he + 동사 will be blessed, forgetting...but doing

> **단어 및 숙어의 확장** [동사] hear 듣다 (hear-heard-heard) [형용사] perfect 완벽한, 완전한 [부사] intently 의도적으로 [숙어] look into ~을 조사하다

> **해설** ① ,not forgetting...doing은 분사구문의 동시상황으로서 ,and do not forget, but does로 바꿀 수 있다. ② gives 앞에 있는 that은 주격관계대명사이다.

③ what은 관계대명사로서 the thing which로 바꿀 수 있다.

[의역] 자유하게 하는 온전한 율법을 들여다보고 있는 자는 듣고 잊어버리는 자가 아니요 실행하는 자니 이 사람이 그 행하는 일에 복을 받으리라

9 For he received honor and glory from God the Father when the voice came to him from the Majestic Glory, <u>saying,</u> "This is my Son, whom I love; with him I am well pleased." (벧후1:17)

[직역] 왜냐하면 그가 하나님 아버지로부터 영예와 영광을 받았기 때문이다 그 목소리가 장엄한 영광으로부터 그에게 왔을 때에, "이는 내가 사랑하는 나의 아들이다, 나는 그를 매우 기뻐한다"라고 말하면서

[핵심구조] 주어 the voice + 동사 came + ,saying

[단어 및 숙어의 확장] [동사] come 오다 (come-came-come) [형용사] majestic 장엄한, 위엄 있는, 웅대한

[해설] ① ,saying은 분사구문의 동시상황으로서 ,and said로 바꿀 수 있다. ② with him I am well pleased는 도치된 문장으로서 원래대로 바꾸면, I am well pleased with him.이 된다.

[의역] 지극히 큰 영광 중에서 이러한 소리가 그에게 나기를 이는 내 사랑하는 아들이요 내 기뻐하는 자라 하실 때에 저가 하나님 아버지께 존귀와 영광을 받으셨느니라

10 The Lord is not slow in keeping his promise, as some understand slowness. He is patient with you, <u>not wanting</u> anyone to perish, but everyone to come to repentance. (벧후3:9)

[직역] 주님은 그의 약속을 지키는 일에 있어서 느리지 않다, 누군가가 느림을 이해하는 것처럼. 그는 너희에게 인내하신다, 누구라도 사라지는 것을 원하시지 아니하시고, 누구라도 참회하러 오기를 원하시면서

[핵심구조] 주어 He + 동사 is + ,wanting

[단어 및 숙어의 확장] [명사] repentance 참회, 후회, 양심의 가책 [동사] perish 사라지

다, 죽다 [형용사] patient 참을성 있는, 끈기 있는

[해설] ① ,not wanting은 분사구문의 동시상황으로서 ,and does not want로 바꿀 수 있다. ② want 다음에는 목적어가 오고 목적어 다음에는 반드시 to + R가 와야 한다. ③ but과 everyone 사이에는 wanting이 생략돼 있다.

[의역] 주의 약속은 어떤 이의 더디다고 생각하는 것같이 더딘 것이 아니라 오직 너희를 대하여 오래 참으사 아무도 멸망치 않고 다 회개하기에 이르기를 원하시느니라

11 They will be paid back with harm for the harm they have done. Their idea of pleasure is to carouse in broad daylight. They are blots and blemishes, <u>reveling</u> in their pleasures while they feast with you.

(벧후2:13)

[직역] 그들은 그들이 행해왔던 해로운 일에 대해서 해로 돌려받을 것이다. 기쁨에 대한 그들의 생각은 환한 대낮에 마시고 떠드는 일이다. 그들은 오점과 결점이다, 그들이 너희와 함께 마시고 먹는 동안 쾌락 속에서 흥청대면서.

[핵심구조] 주어 They + 동사 are + ,reveling

[단어 및 숙어의 확장] [명사] blot 오점, 지우다, 덮다 / blemish 결점, 흠, 손상하다 / daylight 낮, 일광 [동사] carouse 떠들썩하게 마시다, 마시고 떠들다, 통음하다 / revel 흥청대다, 떠들썩한 잔치 / feast 즐기다, 먹다, 축제, 진수성찬 / pay 지불하다 (pay-paid-paid) / do 하다 (do-did-done) [형용사] broad 폭넓은, 광범위한, 다양한 [숙어] pay back 돈을 갚다, 변제하다

[해설] ① ,reveling은 분사구문의 동시상황으로서 ,and revel로 바꿀 수 있다. ② harm과 they 사이에 목적격관계대명사 that이 생략돼 있다.

[의역] 불의의 값으로 불의를 당하며 낮에 연락을 기쁘게 여기는 자들이니 점과 흠이라 너희와 함께 연회할 때에 저희 간사한 가운데 연락하며

12 He writes the same way in all his letters, <u>speaking</u> in them of these matters. His letters contain some things that are hard to understand, which ignorant and unstable people distort, as they do the other Scriptures, to their own destruction. (벧후3:16)

직역 그는 그의 모든 편지 속에서 똑같은 방법으로 쓴다, 이러한 문제들에 관해서. 그의 편지들은 이해하기 어려운 것들을 몇 가지 포함하고 있는데, 그것들을 무지하고 불안정한 사람들이 왜곡한다, 그들이 다른 성경들을 그렇게 하듯이, 그들 자신이 파멸되게도

핵심구조 주어 He + 동사 writes + ,speaking

단어 및 숙어의 확장 〔명사〕 destruction 파괴, 파멸 〔동사〕 distort (얼굴을)찡그리다, 비틀다 〔형용사〕 ignorant 무지한, 알지 못하는 / unstable 불안정한, 변하기 쉬운, 침착하지 않은

해설 ① ,speaking은 분사구문의 동시상황으로서 ,and speaks로 바꿀 수 있다. ② some things와 hard 사이에 주격관계대명사 that과 be동사 are가 생략돼지 않은 채 그대로 쓰여 있다. ③ ,which는 계속적용법의 관계대명사이다. ④ them은 letters를 의미한다. ⑤ to their own destruction은 전치사 to + one's + 추상명사로서 '그들 자신이 파멸되게도'의 뜻이다.

의역 또 그 모든 편지에도 이런 일에 관하여 말하였으되 그 중에 알기 어려운 것이 더러 있으니 무식한 자들과 굳세지 못한 자들이 다른 성경과 같이 그것도 억지로 풀다가 스스로 멸망에 이르느니라

---

13 As you come to him, the living Stone—rejected by men but chosen by God and precious to him—you also, like living stones, are being built into a spiritual house to be a holy priesthood, <u>offering</u> spiritual sacrifices acceptable to God through Jesus Christ. (벧전2:4-5)

직역 너희가 살아 있는 돌인 그에게 갈 때, 즉 인간에 의해서는 거절당했지만, 하나님에 의해서는 선택받고 귀중한 돌인데—너희도 살아 있는 돌처럼 영적인 집으로 지어져서 거룩한 성직이 된다, 예수 그리스도를 통하여 하나님께 받아들여질만한 영적인 제물을 바치면서

핵심구조 주어 you + 동사 are being built + ,offering

단어 및 숙어의 확장 〔명사〕 priesthood 성직, 사제직, 제사장 / sacrifice 희생, 제물 〔동사〕 choose 선택하다 (choose-chose-chosen) / build 짓다, 세우다, 건설하다

(build-built-built) / offer 주다, 제공하다 / reject 거절하다, 거부하다 [형용사] spiritual 정신의, 영적인, 종교적인, 영혼의 / acceptable 받아들일만한, 만족스러운 / precious 소중한, 귀중한, 중요한

[해설] ① ,offering은 분사구문의 동시상황으로서 ,and offer로 바꿀 수 있다. ② the living Stone과 rejected 사이와 the living Stone과 chosen 사이에는 주격관계대명사 that과 is가 각각 생략돼 있다. ③ rejected와 chosen 사이에는 주격관계대명사 that과 is가 생략되어 과거분사만 남게 되었다. 과거분사 rejected와 chosen이하는 명사 living Stone을 뒤에서 꾸며준다. ④ living은 stones를 꾸미는 제한적 용법의 현재분사이다.

[의역] 사람에게는 버린 바가 되었으나 하나님께는 택하심을 입은 보배로운 산 돌이신 예수에게 나아와 너희도 산 돌같이 신령한 집으로 세워지고 예수 그리스도로 말미암아 하나님이 기쁘게 받으실 신령한 제사를 드릴 거룩한 제사장이 될찌니라

14 But there were also false prophets among the people, just as there will be false teachers among you. They will secretly introduce destructive heresies, even <u>denying</u> the sovereign Lord who bought them—<u>bringing</u> swift destruction on themselves.　　　(벧후2:1)

[직역] 그러나 또한 거짓예언자들이 사람들 사이에 있었다, 마치 너희 중에 거짓교사가 있을 것처럼. 그들은 몰래 파괴적인 이단을 소개할 것이며, 심지어 그들을 샀던 주권적인 주님을 부인하면서—그들자신에 대한 신속한 파괴를 가져오면서

[핵심구조] 주어 They + 동사 will introduce + ,denying / ,bringing

[단어 및 숙어의 확장] [동사] buy 사다 (buy-bought-bought) / introduce 도입하다, 소개하다, 발표하다 / bring 가져오다 (bring-brought-brought) / deny 부인하다, 거절하다 [명사] heresy 이단, 이교 / destruction 파괴, 파멸, 멸망 [형용사] false 허위의, 거짓의, 잘못하여, 사기의 / destructive 파괴적인, 해로운 / sovereign 주권의, 독립의, 최고의 / swift 신속한, 빠른 [부사] secretly 비밀리에, 몰래

[해설] ,denying과 ,bringing은 분사구문의 동시상황으로서 ,and will deny와 ,and will bring으로 바꿀 수 있다.

[의역] 그러나 민간에 또한 거짓 선지자들이 일어났었나니 이와 같이 너희 중에도 거

15 Be shepherds of God's flock that is under your care, <u>serving</u> as overseers—not because you must, but because you are willing, as God wants you to be; not greedy for money, but eager to serve; not lording it over those entrusted to you, but being examples to the flock.

(벧전5:2-3)

직역 너희의 보호 아래에 있는 하나님의 무리의 목자가 되어라, 감독으로서 섬기면서—너희가 해야만 해서가 아니라 기꺼이 해야하기 때문에, 하나님이 너희가 되기를 원하시는 것처럼; 돈에 대한 탐욕으로가 아니라, 몹시 섬기고 싶어서이다; 너희에게 위탁된 자들에게 주인행세하는 것이 아니라, 무리들에게 본보기가 되기 위해서이다

핵심구조 주어(You) + 동사 Be + ,serving

단어 및 숙어의 확장 【명사】 shepherd 목자, 목동 / flock 무리, 떼, 군중, 신도, 회중 / overseer 감독, 관리자 【동사】 entrust 맡기다, 위임(위탁)하다 (to) 【형용사】 greedy 욕심 많은, 탐욕스러운 (for)(of) / entrusted 맡겨진, 위탁받은 【숙어】 be eager to R: 몹시~하고 싶어하다 / be willing to R: 기꺼이~하다 / not because A but because B: A가 아니라 B이다 / lord-over: 주인행세하다, 좌지우지하다, 마구 뽐내다

해설 ① ,serving은 분사구문의 동시상황으로서 and serve로 바꿀 수 있다. ② God's flock과 under your cage 사이에 주격관계대명사 that과 be동사 is가 생략되지 않은 채 그대로 쓰여 있다. ③ want + O + to be ④ those와 entrusted 사이에 주격관계대명사 that과 be동사 are가 생략돼 있다. ⑤ entrusted는 명사 those를 뒤에서 꾸며주는 제한적 용법의 과거분사이다.

의역 너희 중에 있는 하나님의 양 무리를 치되 부득이함으로 하지 말고 오직 하나님의 뜻을 좇아 자원함으로 하며 더러운 이를 위하여 하지 말고 오직 즐거운 뜻으로 하며 맡기운 자들에게 주장하는 자세를 하지 말고 오직 양 무리의 본이 되라

16 Concerning this salvation, the prophets, who spoke of the grace that was to come to you, searched intently and with the greatest care, <u>trying</u> to find out the time and circumstances to which the Spirit of Christ in them was pointing when he predicted the sufferings of Christ and the glories that would follow. (벧전1:10-11)

> **직역** 이 구원에 관하여, 너희에게 다가 올 은혜에 관해서 말하는 예언자들이 열심히 그리고 매우 조심스럽게 찾았다, 그들 안에 계신 그리스도의 영이 가리키는 시간과 상황들을 찾아내려고 시도하면서, 그가 다가 올 그리스도의 고난과 영광을 예언할 때에
>
> **핵심구조** 주어 prophets + 동사 searched + ,trying
>
> **단어 및 숙어의 확장** 〔명사〕 salvation 구원, 구제, 구조 / circumstance 상황, 환경, 정황 / prophet 예언자, 선지자 〔동사〕 predict 예언하다, 예측하다 / speak 말하다 (speak-spoke-spoken) 〔부사〕 intently 집중하여, 열심히, 골똘하게 〔전치사〕 concerning ~에 관하여(=regarding)(=about)
>
> **해설** ① ,trying은 분사구문의 동시상황으로서 and tried로 바꿀 수 있다. ② grace와 to come 사이에 주격관계대명사 that과 be동사 was가 생략되지 않은 채 그대로 쓰여 있다. ③ with care=carefully=조심스럽게, with the greatest care=very carefully=매우 조심스럽게 ④ ,who를 접속사+대명사로 바꾸면 ,and they가 된다. ⑤ 주격관계대명사 that은 뒤에 일반동사 follow가 왔으므로 생략할 수 없다.
>
> **의역** 이 구원에 대하여는 너희에게 임할 은혜를 예언하던 선지자들이 연구하고 부지런히 살펴서 자기 속에 계신 그리스도의 영이 그 받으실 고난과 후에 얻으실 영광을 미리 증거하여 어느 시, 어떠한 때를 지시하시는지 상고(詳考)하니라

17 But in your hearts set apart Christ as Lord. Always be prepared to give an answer to everyone who asks you to give the reason for the hope that you have. But do this with gentleness and respect<u>, keeping</u> a clear conscience, so that those who speak maliciously against your good behavior in Christ may be ashamed of their slander. (벧전3:15-16)

그러나 너희의 마음속에서 그리스도를 주님으로 구별해놓아라. 항상 대답할 준비를 해라 너희가 가지고 있는 희망에 대한 이유를 대라고 너희에게 요청하는 모든 이에게. 그러나 이것을 온화하고 존경스럽게 행하라, 분명한 양심을 지니면서, 그리스도 안에서 너희의 선한 행실에 대하여 악의를 지니고 말하는 사람들이 그들의 중상모략을 부끄러워할 수 있도록

핵심구조 주어 (you) + 동사 do + ,keeping

단어 및 숙어의 확장 [명사] slander 중상(하다), 욕 / behavior 행동, 행위, 태도, 행실 / conscience 양심, 도덕심, 의식 / gentleness 온화함, 관대함 [부사] maliciously 악의를 가지고, 심술궂게 [숙어] set apart 구별하다, 따로 떼어두다 / be ashamed of 부끄러워하다, 수치스럽게 여기다

해설 ① ,keeping은 분사구문의 동시상황으로서 ,and keep으로 바꿀 수 있다. ② with + 추상명사 gentleness=부사 gently, with + 추상명사 respect=respectfully ③ that 은 앞에 명사, 뒤에는 주어+동사가 왔으므로 목적격관계대명사이다. ④ so that + 주어 those + may + be ashamed=~하기 위하여

의역 너희 마음에 그리스도를 주로 삼아 거룩하게 하고 너희 속에 있는 소망에 관한 이유를 묻는 자에게는 대답할 것을 항상 예비하되 온유와 두려움으로 하고 선한 양심을 가지라 이는 그리스도 안에 있는 너희의 선행을 욕하는 자들로 그 비방하는 일에 부끄러움을 당하게 하려 함이라

03

V + O + to R로 된 문장

want		원하다
cause		초래하다
beg	+ O + to R=~가 ~하도록	간청하다
allow		허락하다
ask		요청하다
force		강요하다
warn		경고하다
permit		허락하다
command		명령하다
encourage		격려하다
advise		충고하다
persuade		설득하다

예문1 God wants us to bless our enemies.
(하나님은 우리가 우리의 적을 축복하기를 원하신다)

예문2 God wants all His people to bless others.
(하나님은 그의 모든 백성들이 다른 사람들을 축복하기를 원하신다)

예문3 He wants us to love all of them.
(그는 우리가 그들 모두를 사랑하기를 원하신다)

예문4 God <u>allowed him to see</u> Joseph.
(하나님은 그가 요셉을 보는 것을 허락하셨다)

예문5 <u>Allow the Holy Spirit to work</u> in your life.
(네 인생에서 성령이 활동하도록 허락하라)

예문6 Don't <u>allow Satan to discourage</u> you.
(사단으로 하여금 너를 낙담시키는 것을 허락하지 마라)

예문7 You can always <u>ask God to help</u> you.
(너는 너를 도와달라고 하나님께 항상 요청할 수 있다)

예문8 He <u>encouraged me to try</u> harder.
(그는 나에게 더 열심히 노력하라고 격려했다)

예문9 The identification of Christ in your life will <u>cause many people to react</u> in a negative way.
(직역 네 인생에서 그리스도라는 신분은 수많은 사람들로 하여금 부정적인 방법으로 반응하도록 야기시킬 것이다)
(의역 네 인생에서 그리스도라는 신분 때문에 부정적인 방법으로 반응하는 사람들이 많을 것이다)

1 want + O + to R

1 I <u>want you to recall</u> the words spoken in the past by the holy prophets and the command given by our Lord and Savior through your apostles.

(벧후3:2)

직역 나는 너희가 기억하기를 원한다 과거에 거룩한 선지자들에 의해서 말되었던 말씀들과 너희 사도들을 통해서 우리 주 구세주에 의해 주어졌던 명령을

핵심구조 want + O (you) + to + R (recall)

단어 및 숙어의 확장 명사 prophet 예언자, 선지자 / command 명령 / Savior 구세주, 구원자 / apostle 사도 동사 recall 상기하다, 기억하다, 소환하다 / speak 말하

다 (speak-spoke-spoken) / give 주다 (give-gave-given)

해설 ① want 다음에는 목적어가 오고 목적어 다음에는 반드시 to + R가 와야 한다. ② words와 spoken 사이에는 주격관계대명사 that과 be동사 were가 생략돼 있다. ③ command와 given 사이에는 주격관계대명사 that과 be동사 was가 생략돼 있다. ④ spoken은 명사 words를 뒤에서 꾸며주는 과거분사이다. ⑤ given은 명사 command를 뒤에서 꾸며주는 과거분사이다.

의역 곧 거룩한 선지자의 예언한 말씀과 주 되신 구주께서 너희의 사도들로 말미암아 명하신 것을 기억하게 하려 하노라

2 The Lord is not slow in keeping his promise, as some understand slowness. He is patient with you, <u>not wanting anyone to perish</u>, but <u>everyone to come</u> to repentance. (벧후3:9)

직역 주님은 그의 약속을 지키는 일에 있어서 느리지 않다, 누군가가 느림을 이해하는 것처럼. 그는 너희에게 인내하신다, 누구라도 사라지는 것을 원하시지 아니하시고, 누구라도 참회하러 오기를 원하시면서

핵심구조 want + anyone + to perish
want + everyone + to come

단어 및 숙어의 확장 [명사] repentance 참회, 후회, 양심의 가책 [동사] perish 사라지다, 죽다 [형용사] patient 참을성 있는, 끈기 있는

해설 ① want 다음에는 목적어가 오고 목적어 다음에는 반드시 to + R가 와야 한다. ② ,not wanting은 분사구문의 동시상황으로서 and does not want로 바꿀 수 있다. ③ but과 everyone 사이에는 wanting이 생략돼 있다.

의역 주의 약속은 어떤 이의 더디다고 생각하는 것같이 더딘 것이 아니라 오직 너희를 대하여 오래 참으사 아무도 멸망치 않고 다 회개하기에 이르기를 원하시느니라

〈베네치아: 리알토 다리〉

3 Be shepherds of God's flock that is under your care, serving as overseers—not because you must, but because you are willing, as God <u>wants you to be</u>; not greedy for money, but eager to serve; not lording it over those entrusted to you, but being examples to the flock.

(벧전5:2-3)

직역 너희의 보호 아래에 있는 하나님의 무리의 목자가 되어라, 감독으로서 섬기면서—너희가 해야만 해서가 아니라 기꺼이 해야하기 때문에, 하나님이 너희가 되기를 원하시는 것처럼; 돈에 대한 탐욕으로가 아니라, 몹시 섬기고 싶어서이다; 너희에게 위탁된 자들에게 주인행세하는 것이 아니라, 무리들에게 본보기가 되기 위해서이다

핵심구조 want + O (you) + to (be)

단어 및 숙어의 확장 〔명사〕shepherd 목자, 목동 / flock 무리, 떼, 군중, 신도, 회중 / overseer 감독, 관리자 〔동사〕entrust 맡기다, 위임(위탁)하다 (to) 〔형용사〕greedy 욕심 많은, 탐욕스러운 (for)(of) / entrusted 맡겨진, 위탁받은 〔숙어〕be eager to R: 몹시~하고 싶어하다 / be willing to R: 기꺼이~하다 / not because A but because B: A가 아니라 B이다 / lord-over: 주인행세하다, 좌지우지하다, 마구 뽐내다

해설 ① want + O (you) + to be ② ,serving은 분사구문의 동시상황으로서 and serve

---

로 바꿀 수 있다. ③ God's flock과 under your cage 사이에 주격관계대명사 that 과 be동사 is가 생략되지 않은 채 그대로 쓰여 있다. ④ those와 entrusted 사이에 주격관계대명사 that과 be동사 are가 생략돼 있다. ⑤ entrusted는 명사 those를 뒤에서 꾸며주는 제한적 용법의 과거분사이다.

의역 너희 중에 있는 하나님의 양 무리를 치되 부득이함으로 하지 말고 오직 하나님의 뜻을 좇아 자원함으로 하며 더러운 이를 위하여 하지 말고 오직 즐거운 뜻으로 하며 맡기운 자들에게 주장하는 자세를 하지 말고 오직 양 무리의 본이 되라

② urge + O + to R

Dear friends, I <u>urge you</u>, as aliens and strangers in the world, <u>to abstain</u> from sinful desires, which war against your soul.   (벧전2:11)

직역 사랑하는 친구들이여, 나는 요구한다 너희가, 이 세상의 외국인이면서 이방인으로서, 죄 많은 욕망으로부터 절제할 것을, 왜냐하면 그 죄 많은 욕망은 너희의 영혼과 대항해서 전쟁을 일으키기 때문이다

핵심구조 urge + O (you) + to R (to abstain)

단어 및 숙어의 확장 「명사」 alien 외계인, 외국인, 다른/ soul 영혼 「동사」 abstain 삼가다, 절제하다, 끊다 / urge 촉구하다, 요구하다, 강조하다 / war 전쟁을 일으키다 「형용사」 sinful 죄 많은, 죄 받을, 사악한 「숙어」 abstain from ～로부터 삼가다, 절제하다, 피하다

해설 ① urge 다음에는 목적어가 오고 목적어 다음에는 반드시 to + R이 와야 한다. ② ,which는 관계대명사의 계속적 용법으로서 접속사+대명사로 바꾸면 for they 가 된다.

의역 사랑하는 자들아 나그네와 행인 같은 너희를 권하노니 영혼을 거스려 싸우는 육체의 정욕을 제어하라

③ cause + O + to R

"A stone that <u>causes men to stumble</u> and a rock that makes them fall."
They stumble because they disobey the message—which is also what they
were destined for.   (벧전2:8)

> **직역** "인간을 넘어지게 하는 돌과 그들을 떨어지게 하는 바위." 그들은 넘어진다
> 그들이 그 메시지에 복종하지 않기 때문이다—그것은 또한 그들이 그렇게 될
> 운명이었다
>
> **핵심구조** cause + 목적어 men + to 동사원형 stumble
>
> **단어 및 숙어의 확장** **동사** cause 일으키다, 발생하다, 초래하다, 야기하다 / stumble
> 비틀거리다, 넘어지다 / disobey 복종하지 않다, 위반하다 / destine 예정에 두다,
> 운명짓다 **숙어** be destined for ~할 운명이다
>
> **해설** ① cause 다음에는 목적어가 오고 목적어 다음에는 반드시 to + R가 와야 한다.
> ② 주격관계대명사 that은 뒤에 일반동사 causes와 makes가 왔으므로 생략할
> 수 없다. ③ make + O + R ④ which는 바로 앞 문장을 의미한다. ⑤ what은
> 관계대명사로서 the thing which로 바꿀 수 있다.
>
> **의역** 또한 부딪히는 돌과 거치는 반석이 되었다 하니라 저희가 말씀을 순종치 아니
> 하므로 넘어지나니 이는 저희를 이렇게 정하신 것이라

〈이스라엘: 베드로수위권 교회〉

04

사역동사와 지각동사가 들어간 문장

사역동사(남에게 ~을 시키는 동사)와 지각동사(감각동사)가 오면 목적어 다음에는 반드시 동사의 원형(R)이 와야 한다.

```
let   + O + R
have  + O + R
make  + O + R


hear  + O + R
see   + O + R
feel  + O + R
smell + O + R
```

1 let + O + R

1 Is any one of you in trouble? He should pray. Is anyone happy? <u>Let him sing</u> songs of praise.

(약5:13)

> **직역** 너희 중에 곤란에 처한 자가 있느냐? 그는 기도해야 한다. 행복한 자가 있느냐? 그로 하여금 찬송가를 부르게 하라
>
> **핵심구조** 사역동사 Let + 목적어 him + 동사원형 sing
>
> **단어 및 숙어의 확장** **숙어** be~in trouble 곤란을 겪다, 곤경에 처하다
>
> **해설** Let은 사역동사로서 목적어 him 다음에 동사원형 sing이 온다.
>
> **의역** 너희 중에 고난당하는 자가 있느냐 저는 기도할 것이요 즐거워하는 자가 있느냐 저는 찬송할찌니라

〈세계에서 가장 작은 교회 living water church〉

2 Who is wise and understanding among you? <u>Let him show</u> it by his good life, by deeds done in the humility that comes from wisdom.

(약3:13)

> **직역** 너희 중에서 누가 현명하고 이해심이 있느냐? 그로 하여금 그것을 보여주게 하라 그의 선한 삶과 행함에 의해서 지혜로부터 오는 겸손함 속에서 행해진
>
> **핵심구조** 사역동사 Let + 목적어 him + 동사원형 show
>
> **단어 및 숙어의 확장** **명사** wisdom 지혜 / humility 겸손, 겸허 / deed 행위, 행실, 행함 / understanding 이해심 **동사** do 행하다 (do-did-done)

해설 ① Let은 사역동사로서 목적어 him 다음에 동사원형 show가 온다. ② deeds와 done 사이에 주격관계대명사 that과 are가 생략돼 있다. ③ done은 제한적 용법의 과거분사로서 done 이하는 명사 deeds를 꾸며준다. ④ humility 다음에 오는 that은 주격관계대명사이고 바로 뒤에 일반동사 comes가 왔으므로 that은 생략할 수 없다.

의역 너희 중에 지혜와 총명이 있는 자가 누구뇨 그는 선행으로 말미암아 지혜의 온유함으로 그 행함을 보일찌니라

3 Above all, my brothers, do not swear—not by heaven or by earth or by anything else. <u>Let your "Yes" be yes</u>, and your "No" no, or you will be condemned.

(약5:12)

직역 나의 형제들아, 무엇보다도, 맹세하지 마라 하늘이나 땅이나 그 어떤 것으로도. 너희의 "네"를 네가 되게 하고 너희의 "아니오"를 아니오가 되게 해라, 그렇지 않으면 너희는 비난을 받게 될 것이다

핵심구조 사역동사 Let + 목적어 your "Yes" + 동사원형 be

단어 및 숙어의 확장 [동사] condemn 비난하다, 힐난하다, 규탄하다 / swear 맹세하다 [숙어] above all 무엇보다도(=first of all)

해설 Let은 사역동사로서 목적어 your "Yes"다음에 동사원형 be가 온다.

의역 내 형제들아 무엇보다도 맹세하지 말찌나 하늘로나 땅으로나 아무 다른 것으로도 맹세하지 말고 오직 너희의 그렇다 하는 것은 그렇다 하고 아니라 하는 것은 아니라 하여 죄 정함을 면하라

2 make + O + R

1 When we put bits into the mouths of horses to <u>make them obey us</u>, we can turn the whole animal.

(약3:3)

핵심구조 사역동사 make + 목적어 them + 동사원형 obey

단어 및 숙어의 확장 [명사] bit (말의) 재갈, 제어(억제, 구속)하는 것 [동사] turn 변화시키다

해설 make는 사역동사로서 목적어 them 다음에 동사원형 obey가 온다.

의역 우리가 말을 순종케 하려고 그 입에 재갈 먹여 온몸을 어거(禦拒)하며
*어거(禦拒): 禦 (막을 어)(resist), 拒 (막을 거)(resist) : 막다

2 "A stone that causes men to stumble and a rock that <u>makes them</u> <u>fall</u>." They stumble because they disobey the message—which is also what they were destined for.

(벧전2:8)

직역 "인간을 넘어지게 하는 돌과 그들을 떨어지게 하는 바위." 그들은 넘어진다 그들이 그 메시지에 복종하지 않기 때문이다—그것은 또한 그들이 그렇게 될 운명이었다

핵심구조 makes + 목적어 them + 동사원형 fall

단어 및 숙어의 확장 [동사] cause 일으키다, 발생하다, 초래하다, 야기하다 / stumble 비틀거리다, 넘어지다 / disobey 복종하지 않다, 위반하다 / destine 예정에 두다, 운명짓다 [숙어] be destined for ~할 운명이다

해설 ① 사역동사 make 다음에는 목적어가 오고 목적어 다음에는 반드시 동사원형이 와야 한다. ② cause + O + to R ③ 주격관계대명사 that은 뒤에 일반동사 causes 와 makes가 왔으므로 생략할 수 없다. ④ which는 바로 앞 문장을 의미한다. ⑤ what은 관계대명사로서 the thing which로 바꿀 수 있다.

의역 또한 부딪히는 돌과 거치는 반석이 되었다 하니라 저희가 말씀을 순종치 아니하므로 넘어지나니 이는 저희를 이렇게 정하신 것이라

③ have + O(사물) + p.p.

원래 목적어가 사물일 경우에는 목적어 바로 뒤에 과거분사(p.p.)가 와야 하고 목적어가 사람일 경우에는 동사원형(R)이 와야 한다.

① have + 목적어(사람) + 동사원형 (R)

   예문 He had his son clean his car. 그는 그의 아들에게 세차를 시켰다

② have + 목적어(사물) + 과거분사 (p.p.)

   예문 I had my hair cut in a beauty shop. 나는 미용실에서 머리카락을 잘랐다

③ have + 목적어(사람) + 과거분사 (p.p.)

   예문 He had Jesus Christ flogged. 그는 예수 그리스도를 채찍질당하게 시켰다

목적어가 사람일 때 동사원형이 오는 경우에는 동사원형에 대하여 목적어가 주체가 될 경우에 해당된다. 그러나 ③번 문장에서는 had 다음에 사람이 왔는데도 불구하고 과거분사 flogged가 왔다. 그 이유는 목적어 Jesus Christ가 다른 사람에게 채찍질을 당하기 때문에 동사원형 flog가 아니라 과거분사 flogged가 온 것이다.

---

1 And we <u>have the words of the prophets made</u> more certain, and you will do well to pay attention to it, as to a light shining in a dark place, until the day dawns and the morning star rises in your hearts.

(벧후1:19)

직역 우리는 예언자들의 말씀을 더욱 확실하게 한다, 그래서 너희는 잘 해서 그것에 주의해야 할 것이다, 어두운 장소에서 빛나는 등불처럼, 동이 트고 금성이 너희의 마음에 떠오를 때까지

핵심구조 사역동사 have + 목적어 the words of the prophets + 과거분사 made

단어 및 숙어의 확장 **명사** prophet 예언자, 선지자 **숙어** pay attention to ~에 주의하다

해설 사역동사 have 다음에 목적어가 사물이 올 때는 목적어 다음에 반드시 과거분사가 와야 한다.

의역 또 우리에게 더 확실한 예언이 있어 어두운데 비취는 등불과 같으니 날이 새어 샛별이 너희 마음에 떠오르기까지 너희가 이것을 주의하는 것이 가(可)하니라

05 도치와 생략을 파악하자

1 도치

> 뜻을 강조하기 위해 목적어, 보어, 부사(구)를 문장의 맨 앞에 놓는다.
>
> 예문1 That church we are going to serve.
> (저 교회가 바로 우리가 섬기려는 곳이다) [목적어 that church를 강조함]
>
> 예문2 Not a word did she say all day long.
> (한 마디도 그녀는 하루종일 말하지 않았다) [목적어 not a word를 강조함]
>
> 예문3 Happy is he who is contented with his lot.
> (행복하여라 자기 운명에 만족하는 사람은) [보어 happy를 강조함]

1 She who is in Babylon, chosen together with you, sends you her greetings, and so does my son Mark.

(벧전5:13)

직역 너희와 함께 선택된 바빌론에 있는 그 여자가 너희에게 그녀의 인사를 보낸다, 그리고 나의 아들 마가도 (인사를) 보낸다

핵심구조 so + 조동사 does + 주어 my son Mark

단어 및 숙어의 확장 동사 choose 선택하다 (choose-chose-chosen)

① so does my son Mark는 도치된 문장으로서, 원래의 문장으로 고치면, my son Mark sends you his greetings, too.가 된다. ② Babylon과 chosen 사이에 주격관계대명사 that과 is가 생략돼 있다. ③ chosen은 She를 뒤에서 꾸며주는 제한적 용법의 과거분사이다.

의역 함께 택하심을 받은 바벨론에 있는 교회가 너희에게 문안하고 내 아들 마가도 그리하느니라

〈베네치아: 산 마르크 성당〉

2 When tempted, no one should say, "God is tempting me." For God cannot be tempted by evil, <u>nor does he tempt</u> anyone; (약1:13)

직역 시험을 받으면, 아무도 말해서는 안 된다, "하나님이 나를 시험하시는 중"이라고. 왜냐하면 하나님은 악에 의해서 시험을 받으실 리가 없으며, 그는 그 누구도 시험하시지 않기 때문이다;

핵심구조 nor + 조동사 does + 주어 he + 본동사 tempt

단어 및 숙어의 확장 [동사] tempt 시험하다, 유혹하다 (be tempted 시험받다, 유혹받다)

해설 ① nor does he tempt anyone은 도치된 문장이다. 이 문장을 올바르게 배치하면, he does not tempt anyone, either.가 된다. not...either가 nor가 돼서 문장의 맨 앞에 왔기 때문에 조동사 does와 주어 he가 도치되었다 ② When과 tempted

사이에는 주어 he와 be동사 is가 생략돼 있다. ex) When young, I was a beauty. (젊었을 때 나는 미인이었다)→주절의 주어와 동사가 종속절의 주어와 동사와 같을 경우, 종속절의 주어와 동사를 생략할 수 있다. When (I was) young, I was a beauty.

의역 사람이 시험을 받을 때에 내가 하나님께 시험을 받는다 하지 말찌니 하나님은 악에게 시험을 받지도 아니하시고 친히 아무도 시험하지 아니하시느니라

3 Of them the proverbs are true: "A dog returns to its vomit," and "A sow that is washed goes back to her wallowing in the mud."

(벧후2:22)

직역 속담은 그들에 대해서도 마찬가지다. "개는 자기가 내뱉은 것으로 돌아간다" "씻긴 돼지는 진흙 속으로 다시 돌아가서 뒹군다"는

핵심구조 부사구 Of them + 주어 proverbs + 동사 are

단어 및 숙어의 확장 명사 proverb 속담, 격언 / mud 진흙, 진창 / sow 암돼지 / vomit 분출 동사 vomit 토하다, 게우다 / wallow 뒹굴다, 빠지다, 뒹굴기 숙어 be true of ~에 해당되다, ~마찬가지다

해설 ① Of them the proverbs are true는 도치된 문장이다. 올바른 문장으로 고치면, The proverbs are true of them이 된다. ② sow와 washed 사이에 주격관계대명사 that과 be동사 is가 생략되지 않은 채 그대로 쓰여 있다.

의역 참속담에 이르기를 개가 그 토하였던 것에 돌아가고 돼지가 씻었다가 더러운 구덩이에 도로 누웠다 하는 말이 저희에게 응하였도다

4 Blessed is the man who perseveres under trial, because when he has stood the test, he will receive the crown of life that God has promised to those who love him.

(약1:12)

직역 복되도다 시련 아래에서 인내하는 자는, 왜냐하면 그가 그 시험을 견뎌내었을 때, 그는 생명의 면류관을 받을 것이기 때문이다 하나님이 그를 사랑하는 자들에게 약속하셨던.

보어 Blessed + 동사 is + 주어 the man

명사 trial 시련, 고난, 재난 동사 bless 축복하다 (be blessed 축복받다) / persevere 인내하다, 견뎌내다 / stand 견디다, 참다 (stand-stood-stood) / promise 약속하다

해설 ① 보어 Blessed가 문장의 앞에 왔다. 원래의 문장으로 바꾸면, The man who perseveres under trial is blessed가 된다. ② that은 목적격관계대명사이다. ③ those 다음에는 people이 생략돼 있다.

의역 시험을 참는 자는 복이 있도다 이것에 옳다 인정하심을 받은 후에 주께서 자기를 사랑하는 자들에게 약속하신 생명의 면류관을 얻을 것임이니라

---

5 For he received honor and glory from God the Father when the voice came to him from the Majestic Glory, saying, "This is my Son, whom I love; with him I am well pleased."

(벧후1:17)

직역 왜냐하면 그가 하나님 아버지로부터 영예와 영광을 받았기 때문이다 그 목소리가 장엄한 영광으로부터 그에게 왔을 때에, "이는 내가 사랑하는 나의 아들이다, 나는 그를 매우 기뻐한다"라고 말하면서

핵심구조 부사구 with him + 주어 I + 동사 am well pleased

단어 및 숙어의 확장 동사 come 오다 (come-came-come) 형용사 majestic 장엄한, 위엄 있는, 웅대한

해설 ① with him I am well pleased는 도치된 문장으로서 원래대로 바꾸면, I am well pleased with him.이 된다. ② ,saying은 분사구문의 동시상황으로서 ,and said로 바꿀 수 있다.

의역 지극히 큰 영광 중에서 이러한 소리가 그에게 나기를 이는 내 사랑하는 아들이요 내 기뻐하는 자라 하실 때에 저가 하나님 아버지께 존귀와 영광을 받으셨느니라

---

6 As you know, we consider blessed those who have persevered. You have heard of Job's perseverance and have seen what the Lord finally brought about. The Lord is full of compassion and mercy.

(약5:11)

핵심구조 목적보어 blessed + 목적어 those who have persevered

단어 및 숙어의 확장 명사 perseverance 인내력, 참을성, 버팀 / compassion 불쌍히 여김, (깊은)동정심 / mercy 자비 동사 persevere 참다, 버티다, 견디다 / hear 듣다 (hear-heard-heard) / bring 가져오다 (bring-brought-brought) / see 보다 (see-saw-seen) / bless 축복하다 (blessed 축복받은) 부사 finally 마침내, 드디어 숙어 be full of (=be filled with) ~로 가득 차다 / bring about 일으키다, 가져오다

해설 ① 목적어 those who have persevered와 목적보어 blessed가 서로 도치되었다. 원래의 문장으로 고치면, we consider those who have persevered blessed가 된다. ② what은 관계대명사로서 the thing which로 바꿀 수 있다.

의역 보라 인내하는 자를 우리가 복되다 하나니 너희가 욥의 인내를 들었고 주께서 주신 결말을 보았거니와 주는 가장 자비하시고 긍휼히 여기는 자시니라

② 생략

생략의 일반적인 예

1) When, As, While, If, Though 등으로 시작되는 부사절에서 주어와 be동사를 생략할 수 있다.

예문1 When (I was) young, I was a beauty. (젊었을 때 나는 미인이었다)

예문2 Let's have lunch with me, if (it is) possible. (가능하다면, 나랑 점심먹자)

2) 반복되어 나오는 단어를 생략할 수 있다.

예문1 To some walking can be interesting; to others (walking can be) uninteresting. (어떤 사람에게는 걷는 것이 재밌지만; 다른 사람들에게는 재미없을 수 있다)

예문2 To some students English is difficult; to others (English is) easy.

(어떤 학생들에게는 영어가 어렵지만, 다른 학생들에게는 쉽다)

예문3 The proverbs of Solomon: A wise son brings joy to his father, but a foolish son (brings) grief to his mother. (Proverbs10:1)
(솔로몬의 잠언이라 지혜로운 아들은 아비를 기쁘게 하거니와 미련한 아들은 어미의 근심이니라)(잠10:1)

3) 관용적으로 생략되는 경우가 있다.

예문1 (If you take) No pains, (you will get) no gains.
(만약 수고하지 않는다면, 아무것도 얻지 못할 것이다)

예문2 (If you) Spare the rod and (you will) spoil the child.
(매를 아낀다면, 당신은 아이를 망치게 될 것이다)
(매를 아끼면 자식을 버린다)

예문3 No smoking (is allowed). (흡연은 허용되지 않습니다) (금연)

예문4 (I wish you a) Merry Christmas ! (메리크리스마스)

예문5 (I wish you a) Good morning ! (안녕하세요) (아침인사)

---

1 Grieve, mourn and wail. Change your laughter to mourning and ✓ your joy to gloom.
(약4:9)

직역 슬퍼하고, 한탄하며 소리내어 울부짖어라. 너희의 웃음을 슬픔으로 바꾸고 너희의 기쁨을 우울로 바꿔라

핵심구조 and (change) your joy

단어 및 숙어의 확장 **명사** laughter (소리내는)웃음 / gloom 우울, 침울, 슬픔 **동사** grieve 몹시 슬퍼하다, 마음 아파하다, 애곡하다 / mourn 슬퍼하다, 한탄하다, 죽음을 애통해하다 / wail 소리내어 울다, 울부짖다, 비탄하다

해설 and와 your 사이에 change가 생략돼 있다.

의역 슬퍼하며 애통하며 울찌어다 너희 웃음을 애통으로 너희 즐거움을 근심으로 바꿀찌어다

2 Do not repay evil with evil or insult with insult, but ✓ with blessing, because to this you were called so that you may inherit a blessing.

(벧전3:9)

> **직역** 악을 악으로, 욕을 욕으로 갚지 마라, 하지만 복으로 갚아라, 왜냐하면 이것에 대해서 너희가 부름을 받았기 때문이다 너희가 축복을 물려받기 위하여
>
> **핵심구조** but + (repay) + with blessing
>
> **단어 및 숙어의 확장** 【명사】 evil 악, 악마 / insult 모욕, 무례 / blessing 축복, 승인 【동사】 repay 갚다, 상환하다, 보답하다 / inherit 물려받다, 이어받다, 상속하다, 유전되다
>
> **해설** ① but 다음에는 repay가 생략돼 있다. ② so that + 주어 you + may + 동사원형 inherit=~하기 위하여
>
> **의역** 악을 악으로, 욕을 욕으로 갚지 말고 도리어 복을 빌라 이를 위하여 너희가 부르심을 입었으니 이는 복을 유업으로 받게 하려 하심이라

3 The Lord is not slow in keeping his promise, as some understand slowness. He is patient with you, not wanting anyone to perish, but ✓ everyone to come to repentance.

(벧후3:9)

> **직역** 주님은 그의 약속을 지키는 일에 있어서 느리지 않다, 누군가가 느림을 이해하는 것처럼. 그는 너희에게 인내하신다, 누구라도 사라지는 것을 원하시지 아니하시고, 누구라도 참회하러 오기를 원하시면서
>
> **핵심구조** but (wanting) everyone to come
>
> **단어 및 숙어의 확장** 【명사】 repentance 참회, 후회, 양심의 가책 【동사】 perish 사라지다, 죽다 【형용사】 patient 참을성 있는, 끈기 있는
>
> **해설** ① but과 everyone 사이에는 wanting이 생략돼 있다. ② want 다음에는 목적어가 오고 목적어 다음에는 반드시 to + R가 와야 한다. ③ , not wanting은 분사구문의 동시상황으로서 and does not want로 바꿀 수 있다.
>
> **의역** 주의 약속은 어떤 이의 더디다고 생각하는 것같이 더딘 것이 아니라 오직 너희를 대하여 오래 참으사 아무도 멸망치 않고 다 회개하기에 이르기를 원하시느니라

4 For this very reason, make every effort to add to your faith goodness; and ✓ to goodness, knowledge; and ✓ to knowledge, self-control; and ✓ to self-control, perseverance; and ✓ to perseverance, godliness; and ✓ to godliness, brotherly kindness; and ✓ to brotherly kindness, love.

(벧후1:5-7)

> **직역** 바로 이런 이유 때문에 매 번 노력해라 너희의 믿음에 선함을 덧붙이기 위해서 그리고 선함에는 지식을 더하고 지식에는 자제를 더하며 자제에는 극기를 더하고 극기에는 신심을 더하며 신심에는 형제같은 친절을 더하고 형제 같은 친절에는 사랑을 더하기 위해서

> **핵심구조** (make every effort to add) to goodness
> to knowledge
> to self-control
> to perseverance
> to godliness
> to brotherly kindness

> **단어 및 숙어의 확장** **명사** self-control 자제, 극기 / perseverance 인내, 불굴의 의지, 끈기 / godliness 신심, 신앙심이 두터움 **형용사** brotherly 형제의, 형제같은 **숙어** make effort 노력하다

> **해설** 체크 부분에는 각각 make every effort to add가 생략돼 있다.

> **의역** 이러므로 너희가 더욱 힘써 너희 믿음에 덕을, 덕에 지식을, 지식에 절제를, 절제에 인내를, 인내에 경건을, 경건에 형제 우애를, 형제 우애에 사랑을 공급하라

06

As~so…구문(~하듯이…하다)

예문1 <u>As</u> rust eats iron, <u>so</u> care (eats) the heart.
(녹이 쇠를 못 쓰게 만드는 것처럼 근심은 마음을 갉아먹는다)

예문2 <u>As</u> food nourishes our body, <u>so</u> books nourish our mind.
(음식이 우리의 몸에 영양을 주는 것처럼 책은 우리의 마음에 양식이 된다)

1 <u>As</u> the body without the spirit is dead, <u>so</u> faith without deeds is dead.

(약2:26)

직역 영혼 없는 육체가 죽은 것처럼, 행함 없는 믿음도 죽은 것이다

핵심구조 as ~ so ~

단어 및 숙어의 확장 명사 spirit 영혼 / mind 마음 / faith 믿음 동사 nourish ~에게 영향분을 주다, (사람, 생물을)기르다 형용사 dead 죽은 (die 죽다 / death 죽음)

해설 as~so…: ~하듯이…하다

의역 영혼 없는 몸이 죽은 것같이 행함이 없는 믿음은 죽은 것이니라

2 But just <u>as</u> he who called you is holy, <u>so</u> be holy in all you do; for

it is written "Be holy, because I am holy." (벧전1:15-16)

직역 그러나 너희를 불렀던 그가 참으로 거룩한 것처럼, 너희가 행하는 모든 일에서 거룩해라. 왜냐하면 "거룩해라, 내가 거룩하기 때문이다"라고 쓰여 있기 때문이다

핵심구조 as ~ so…

단어 및 숙어의 확장 　동사　 write 쓰다 (write-wrote-written) / 　부사　 just 정말, 참으로

해설 ① as ~ so…: ~하듯이…하다 ② all과 you 사이에 목적격관계대명사 that이 생략돼 있다.

의역 오직 너희를 부르신 거룩한 자처럼 너희도 모든 행실에 거룩한 자가 되라 기록하였으되 내가 거룩하니 너희도 거룩할찌어다 하셨느니라

07

명령문, + and S + V: '~해라, 그러면~할 것이다' / 명령문, + or S + V: '~해라, 그렇지 않으면~할 것이다'

명령문, and~=~해라 그러면 ~할 것이다
명령문, or~=~해라, 그렇지 않으면 ~할 것이다

예문1 *명령문, and~=~.해라 그러면 ~할 것이다

Study English hard, and you will succeed.

(영어를 열심히 공부해라, 그러면 성공할 것이다)

예문2 *명령문, or=~해라, 그렇지 않으면 ~것이다

Hurry up, or you will be late for the class.

(서둘러라, 그렇지 않으면 강의시간에 늦을 것이다)

---

1 명령문, + and S+V ~하라, 그러면 …할 것이다

1 Humble yourselves before the Lord, and he will lift you up.

(약4:10)

직역 주님 앞에서 겸손해라, 그러면 그가 너희를 높이실 것이다

핵심구조 Humble + ,and + 주어 he + 동사 will lift

단어 및 숙어의 확장 숙어 humble oneself 겸손하다, 황송해하다 / lift up 향상시키다, (정신적으로)고양시키다

해설 명령문 + ,and=~하라, 그러면~할 것이다

의역 주 앞에서 낮추라 그리하면 주께서 너희를 높이시리라

---

2 Submit yourselves, then, to God. <u>Resist the devil, and</u> he will flee from you.   (약4:7)

직역 그러면 하나님께 복종해라. 악마에게 저항해라, 그러면 그는 너희에게서 도망 갈 것이다

핵심구조 Resist + ,and + 주어 he + 동사 will flee

단어 및 숙어의 확장 명사 devil 악마, 악귀, 악령, 사탄 동사 submit (oneself)복종시키다, ~에 따르게하다 / resist ~에 저항하다, 격퇴하다 / flee 달아나다, 도망가다, 피하다(from) (flee-fled-fled)

해설 명령문 + ,and=~하라, 그러면~할 것이다

의역 그런즉 너희는 하나님께 순복할찌어다 마귀를 대적하라 그리하면 너희를 피하리라

---

3 <u>Come</u> near to God, <u>and</u> he will come near to you. Wash your hands, you sinners, and purify your hearts, you double-minded.   (약4:8)

직역 하나님께 가까이 가라, 그러면 그가 너에게 가까이 오실 것이다. 너희 손을 씻어라, 너 죄인들아, 그리고 너의 마음을 정화시켜라, 너 두 마음을 품은 자들아

핵심구조 Come + ,and + 주어 he + 동사 will come

단어 및 숙어의 확장 명사 sinner 죄인 동사 purify 정화시키다, 깨끗하게 하다 형용사 double-minded 두 마음을 가진, 결심을 못 하는

> **해설** 명령문 + ,and=~하라, 그러면~할 것이다
>
> **의역** 하나님을 가까이하라 그리하면 너희를 가까이하시리라 죄인들아 손을 깨끗이 하라 두 마음을 품은 자들아 마음을 성결케 하라

4 But someone will say, "You have faith; I have deeds." <u>Show</u> me your faith without deeds, <u>and</u> I will show you my faith by what I do.

(약2:18)

> **직역** 그러나 누군가 말할 것이다, "너희는 믿음이 있다. 그러나 나에게는 행함이 있다." 나에게 너희의 행함 없는 믿음을 보여다오, 그러면 내가 행한 것으로 나의 믿음을 너희에게 보여주겠다.
>
> **핵심구조** Show + ,and 주어 (I) + 동사 will show
>
> **단어 및 숙어의 확장** **명사** deed (-s) 행위, 행동, 행함
>
> **해설** ① 명령문 + ,and=~하라, 그러면~할 것이다 ② what은 관계대명사로서 the thing which로 바꿀 수 있다.
>
> **의역** 혹이 가로되 너는 믿음이 있고 나는 행함이 있으니 행함이 없는 네 믿음을 내게 보이라 나는 행함으로 내 믿음을 네게 보이리라

2 명령문, + or S+V ~하라, 그렇지 않으면 …할 것이다

1 Don't grumble against each other, brothers, <u>or</u> you will be judged. The judge is standing at the door!

(약5:9)

> **직역** 형제들아, 서로에게 불평하지 말라, 그렇지 않으면 너희들이 심판을 받을 것이다. 재판관이 문에 서 있다.
>
> **핵심구조** Don't grumble + ,or + 주어 you + 동사 will be judged
>
> **단어 및 숙어의 확장** **명사** judge 재판관, 판사 **동사** grumble 불평하다, 툴툴대다, 푸

넘하다, 투덜대다 / judge 재판하다, 판결을 내리다

해설 명령문 + ,or =~하라, 그렇지 않으면~할 것이다

의역 형제들아 서로 원망하지 말라 그리하여야 심판을 면하리라 보라 심판자가 문 밖에 서 계시니라

2 Above all, my brothers, do not swear—not by heaven or by earth or by anything else. Let your "Yes" be yes, and your "No" no, or you will be condemned.

(약5:12)

직역 나의 형제들아, 무엇보다도, 하늘이나 땅이나 그 어떤 것으로도 맹세하지 말라. 너희의 "네"를 네가 되게 하고 너희의 "아니오"를 아니오가 되게 해라, 그렇지 않으면 너희는 비난을 받게 될 것이다

핵심구조 Let + be + ,or + 주어 you + 동사 will be condemned

단어 및 숙어의 확장 [동사] condemn 비난하다, 힐난하다, 규탄하다 / swear 맹세하다
[숙어] above all 무엇보다도

해설 ① 명령문 + ,or~=~해라, 그렇지 않으면~할 것이다 ② Let + O + R

의역 내 형제들아 무엇보다도 맹세하지 말찌나 하늘로나 땅으로나 아무 다른 것으로도 맹세하지 말고 오직 너희의 그렇다 하는 것은 그렇다 하고 아니라 하는 것은 아니라 하여 죄 정함을 면하라

08
관계대명사 what

관계대명사 what은 따로 선행사가 있는 것이 아니라, 자신이 선행사를 갖고 있다.
따라서 관계대명사 what은 the thing which로 바꿔 쓸 수 있다.

예문1 Sit quietly and see <u>what</u> Jesus has to say to you.
(조용히 앉아서 예수님이 너에게 말해야만 하는 것을 보라)[what=the thing which]

예문2 The fishermen did <u>what</u> Jesus told them.
(어부들은 예수님이 그들에게 말씀하신 대로 했다) [what=the thing which]

예문3 Chanyang misinterpreted <u>what</u> he saw.
(찬양이는 자신이 본 것을 잘못 통역했다) [what=the thing which]

예문4 He did not fully understand <u>what</u> had happened.
(그는 일어난 일을 완전히 이해하지 못했다) [what=the thing which]

---

1 Do not merely listen to the word, and so deceive yourselves. Do <u>what</u> it says.

(약1:22)

직역 그 말씀을 단순하게 경청하지 말라, 그리고 너희자신을 속이지 말라. 그것이 말한 대로 해라

핵심구조 what + 주어 it + 동사 says

단어 및 숙어의 확장 [동사] deceive 속이다 [부사] merely 단지, 그저, 다만 [숙어] listen to ~에 귀기울이다, 경청하다

해설 what은 관계대명사로서 the thing which로 바꿀 수 있다.

의역 너희는 도를 행하는 자가 되고 듣기만 하여 자신을 속이는 자가 되지 말라

---

2 You see that a person is justified by <u>what</u> he does and not by faith alone.　　　(약2:24)

직역 너는 안다 한 사람이 믿음 홀로만으로가 아니라 그가 행한 것에 의해서 심판받는다는 것을

핵심구조 what + 주어 he + 동사 does

단어 및 숙어의 확장 [동사] justify 심판하다, 판단하다 (be justified 심판받다)

해설 ① what은 관계대명사로서 the thing which로 바꿀 수 있다. ② that은 종속접속사이다.

의역 이로 보건대 사람이 행함으로 의롭다 하심을 받고 믿음으로만 아니니라

---

3 Was not our ancestor Abraham considered righteous for <u>what</u> he did when he offered his son Isaac on the altar?　　　(약2:21)

직역 우리의 조상 아브라함이 정의롭다고 생각되지 않았더냐 그가 행했던 것에 대하여? 그가 그의 아들 이삭을 제단 위에 바쳤을 때

핵심구조 what + 주어 he + 동사 did

단어 및 숙어의 확장 [명사] ancestor 조상, 선조 / altar 제단, 제대 [동사] offer 주다, 제공하다, 바치다 / consider 생각하다, 고려하다 [형용사] righteous 정의로운

해설 what은 관계대명사로서 the thing which로 바꿀 수 있다.

의역 우리 조상 아브라함이 그 아들 이삭을 제단에 드릴 때에 행함으로 의롭다 하심을 받은 것이 아니냐

4 You see that his faith and his actions were working together, and his faith was made complete by <u>what</u> he did. (약2:22)

> **직역** 너는 안다 그의 믿음과 그의 행동이 함께 작용했다는 것을, 그리고 그의 믿음은 그가 행한 일에 의해서 완전하게 되었다는 것을
>
> **핵심구조** what + 주어 he + 동사 did
>
> **단어 및 숙어의 확장** _{형용사} complete 전부의, 완전한, 완벽한
>
> **해설** ① what은 관계대명사로서 the thing which로 바꿀 수 있다. ② that은 종속접속 사이다.
>
> **의역** 네가 보거니와 믿음이 그의 행함과 함께 일하고 행함으로 믿음이 온전케 되었 느니라

5 But even if you should suffer for <u>what</u> is right, you are blessed. "Do not fear <u>what</u> they fear; do not be frightened." (벧전3:14)

> **직역** 그러나 비록 너희가 옳은 일에 대하여 고통을 겪을지라도 너희는 축복받는다. "그들이 두려워하는 것을 두려워말라; 놀라지 마라"
>
> **핵심구조** what + 동사 is / what + 주어 they + 동사 fear
>
> **단어 및 숙어의 확장** _{동사} frighten 놀라게 하다, 무서워지다, 위협하다, 겁먹다 (be frightened 놀라다) / fear 두려워하다 / suffer 괴로워하다 _{숙어} even if 비록~ 일지라도 (=though)
>
> **해설** what은 관계대명사로서 the thing which로 바꿀 수 있다.
>
> **의역** 그러나 의를 위하여 고난을 받으면 복 있는 자니 저희의 두려워함을 두려워 말며 소동치 말고

6 When you ask, you do not receive because you ask with wrong motives, that you may spend <u>what</u> you get on your pleasures.

(약4:3)

7 We all stumble in many ways. If anyone is never at fault in <u>what</u> he says, he is a perfect man, able to keep his whole body in check.

(약3:2)

8 For you have spent enough time in the past doing <u>what</u> pagans choose to do—living in debauchery, lust, drunkenness, orgies, carousing and detestable idolatry.

(벧전4:3)

선택한 일을 하는 데에—즉 방탕하고 정욕적이고 술을 마시고 떠들며 살아가는 것, 마시고 떠들며 증오할만한 우상숭배하며 살아가는 일에

what + 주어 pagans + 동사 choose

단어 및 숙어의 확장 명사 idolatry 우상숭배, 맹목적 숭배 / pagan 이교도, 다신교도, 무신론자 / debauchery 방탕, 방종한 삶, 유흥 / lust 욕망, 정욕, 갈망 / orgy (pl: orgies: 진탕 마시고 떠들기, 유흥, 방탕 동사 carouse 술잔치, 주연, 마시고 떠들다 / choose 선택하다 (choose-chose-chosen) / spend 보내다, 소비하다 (spend-spent-spent) 형용사 detestable 증오할, 몹시 싫은, 진저리나는 숙어 spend + O + (in)(on) +~ing: ~하는 데에 (시간, 돈을) 쓰다, 소비하다

해설 what은 관계대명사로서 the thing which로 바꿀 수 있다.

의역 너희가 음란과 정욕과 술취함과 방탕과 연락(宴樂)과 무법(無法)한 우상숭배를 하여 이방인의 뜻을 좇아 행한 것이 지나간 때가 족하도다

---

9 You want something but don't get it. You kill and covet, but you cannot have <u>what</u> you want. You quarrel and fight. You do not have because you do not ask God.

(약4:2)

직역 너희는 무엇인가를 원하지만 그것을 얻지는 않는다. 너희는 죽이고 (남의 물건을)몹시 탐내지만, 너희는 너희가 원하는 것을 가질 수 없다. 너희는 말다툼하고 싸운다. 너희는 갖지 않는다 너희가 하나님께 요청하지 않기 때문에

핵심구조 what + 주어 you + 동사 want

단어 및 숙어의 확장 동사 covet (남의 물건 등에) 몹시 탐내다, 갈망하다 / fight 싸우다, 투쟁하다 / quarrel 말다툼하다

해설 what은 관계대명사로서 the thing which로 바꿀 수 있다.

의역 너희가 욕심을 내어도 얻지 못하고 살인하며 시기하여도 능히 취하지 못하나니 너희가 다투고 싸우는도다 너희가 얻지 못함은 구하지 아니함이요

---

10 "A stone that causes men to stumble and a rock that makes them fall." They stumble because they disobey the message—which is also <u>what</u> they were destined for. (벧전2:8)

직역 "인간을 넘어지게 하는 돌과 그들을 떨어지게 하는 바위." 그들은 넘어진다 그들이 그 메시지에 복종하지 않기 때문이다―그것은 또한 그들이 그렇게 될 운명이었다

핵심구조 what + 주어 they + 동사 were destined

단어 및 숙어의 확장 〔동사〕 cause 일으키다, 발생하다, 초래하다, 야기하다 / stumble 비틀거리다, 넘어지다 / disobey 복종하지 않다, 위반하다 / destine 예정에 두다, 운명짓다 〔숙어〕 be destined for ～할 운명이다

해설 ① what은 관계대명사로서 the thing which로 바꿀 수 있다. ② cause + O + to R ③ make + O + R ④ which는 바로 앞 문장을 의미한다. ⑤ 주격관계대명사 that은 뒤에 일반동사 causes와 makes가 왔으므로 생략할 수 없다.

의역 또한 부딪히는 돌과 거치는 반석이 되었다 하니라 저희가 말씀을 순종치 아니하므로 넘어지나니 이는 저희를 이렇게 정하신 것이라

---

11 But the man who looks intently into the perfect law that gives freedom, and continues to do this, not forgetting <u>what</u> he has heard, but doing it―he will be blessed in <u>what</u> he does. (약1:25)

직역 그러나 자유를 부여하는 완벽한 법을 의도적으로 조사하고, 이것을 행하기를 계속하며, 그가 들은 것을 잊지 않고, 그것을 행하는 그 사람, 즉 그는 그가 행하는 일에 축복을 받을 것이다

핵심구조 what + 주어 he + 동사 has heard

단어 및 숙어의 확장 〔동사〕 hear 듣다 (hear-heard-heard) 〔형용사〕 perfect 완벽한, 완전한 〔부사〕 intently 의도적으로 〔숙어〕 look into ～을 조사하다

해설 ① what은 관계대명사로서 the thing which로 바꿀 수 있다. ② gives 앞에 있는 that은 주격관계대명사이다. ③ ,not forgetting...doing은 분사구문의 동시상황으로서 ,and do not forget, but does로 바꿀 수 있다.

의역 자유하게 하는 온전한 율법을 들여다보고 있는 자는 듣고 잊어버리는 자가 아니요 실행하는 자니 이 사람이 그 행하는 일에 복을 받으리라

12 In the same way, was not even Rahab the prostitute considered righteous for <u>what</u> she did when she gave lodging to the spies and sent them off in a different direction? (약2:25)

> **직역** 똑같은 방법으로, 창녀 라합조차도 그녀가 행했던 것에 대해서 정의롭다고 여겨지지 않았느냐? 그녀가 스파이들에게 숙소를 제공해주고 다른 방향으로 보냈을 때에
>
> **핵심구조** what + 주어 she + 동사 did
>
> **단어 및 숙어의 확장** 명사 prostitute 매춘부, 창녀 / spy 스파이 / lodging 숙소, 거주지 동사 do 하다 (do-did-done) / send 보내다 (send-sent-sent) / give 주다 (give-gave-given) 형용사 righteous 정의로운
>
> **해설** what은 관계대명사로서 the thing which로 바꿀 수 있다.
>
> **의역** 또 이와 같이 기생 라합이 사자를 접대하여 다른 길로 나가게 할 때에 행함으로 의롭다 하심을 받은 것이 아니냐

13 As you know, we consider blessed those who have persevered. You have heard of Job's perseverance and have seen <u>what</u> the Lord finally brought about. The Lord is full of compassion and mercy. (약5:11)

> **직역** 너희가 아는 것처럼, 우리는 견뎌낸 사람들을 복되다고 생각한다. 너희는 욥의 인내심에 관해 들은 적이 있으며 마침내 주님이 가져오신 것을 본 적이 있다. 주님은 동정심과 자비심으로 가득 차 있다.
>
> **핵심구조** what + 주어 the Lord + 동사 brought
>
> **단어 및 숙어의 확장** 명사 perseverance 인내력, 참을성, 버팀 / compassion 불쌍히 여김, (깊은)동정심 / mercy 자비 동사 persevere 참다, 버티다, 견디다 / hear 듣다 (hear-heard-heard) / bring 가져오다 (bring-brought-brought) / see 보다 (see-saw-seen) / bless 축복하다 (blessed 축복받은) 부사 finally 마침내, 드디어 숙어 be full of (=be filled with) ~로 가득 차다
>
> **해설** ① what은 관계대명사로서 the thing which로 바꿀 수 있다. ② 목적어 those

who have persevered와 목적보어 blessed가 서로 도치되었다.

의역 보라 인내하는 자를 우리가 복되다 하나니 너희가 욥의 인내를 들었고 주께서 주신 결말을 보았거니와 주는 가장 자비하시고 긍휼히 여기는 자시니라

---

14 Anyone who listens to the word but does not do <u>what</u> it says is like a man who looks at his face in a mirror and, after looking at himself, goes away and immediately forgets <u>what</u> he looks like.

(약1:23-24)

직역 그 말씀은 경청하지만 그것이 말하는 것을 행하지 않은 사람은 누구나 거울에 자신의 얼굴을 쳐다보는 사람과 같다. 자신을 쳐다본 후에 가버리고 곧 자신이 누구와 닮은 지를 잊어버린다

핵심구조 what + 주어 it + 동사 says

what + 주어 he + 동사 looks

단어 및 숙어의 확장 [명사] mirror 거울 [부사] immediately 곧, 즉시 [숙어] look like ~처럼 보이다 / look at ~을 쳐다보다 / go away 가버리다 / listen to ~에 귀기울이다

해설 what은 관계대명사로서 the thing which로 바꿀 수 있다.

의역 누구든지 도를 듣고 행하지 아니하면 그는 거울로 자기의 생긴 얼굴을 보는 사람과 같으니 제 자신을 보고 가서 그 모양이 어떠한 것을 곧 잊어버리거니와

---

15 But someone will say, "You have faith; I have deeds." Show me your faith without deeds, and I will show you my faith by <u>what</u> I do.

(약2:18)

직역 그러나 누군가 말할 것이다, "너희는 믿음이 있다. 그러나 나에게는 행함이 있다." 나에게 너희의 행함 없는 믿음을 보여다오, 그러면 내가 한 것으로 나의 믿음을 너희에게 보여주겠다.

핵심구조 what + 주어 I + 동사 do

단어 및 숙어의 확장 명사 deed (-s) 행위, 행동, 행함

해설 ① what은 관계대명사로서 the thing which로 바꿀 수 있다. ② 명령문 + ,and=~ 하라, 그러면~ 할 것이다

의역 혹이 가로되 너는 믿음이 있고 나는 행함이 있으니 행함이 없는 네 믿음을 내게 보이라 나는 행함으로 내 믿음을 네게 보이리라

16 For this is the way the holy women of the past who put their hope in God used to make themselves beautiful. They were submissive to their own husbands, like Sarah, who obeyed Abraham and called him her master. You are her daughters if you do <u>what</u> is right and do not give way to fear.

(벧전3:5-6)

직역 왜냐하면 이것이 하나님에게 희망을 두었던 과거의 거룩한 여자들이 자신들을 아름답게 하곤했던 방법이기 때문이다. 그들은 아브라함에게 복종하고 그를 그녀의 주인이라고 불렀던 사라처럼, 그들 자신의 남편들에게 복종적이었다. 너희는 그녀의 딸들이다 만약 너희가 옳은 일을 행하고 두려움에게 양보하지 않는다면

핵심구조 what (주어) + 동사 is

단어 및 숙어의 확장 형용사 submissive 복종(순종)하는 / obey 복종(순종)하다 숙어 give way to 자리를 내주다, 양보하다

해설 ① what은 관계대명사로서 the thing which로 바꿀 수 있다. ② ,who는 관계대명사의 계속적 용법으로서 접속사+대명사로 바꾸면, and she가 된다. ③ how는 관계부사이다. the way how는 함께 사용할 수 없다. the way that으로 쓰거나 the way만을 쓰거나 how만을 써야한다.

의역 전에 하나님께 소망을 두었던 거룩한 부녀들도 이와 같이 자기 남편에게 순복함으로 자기를 단장하였나니 사라가 아브라함을 주라 칭하여 복종한 것 같이 너희가 선을 행하고 아무 두려운 일에도 놀라지 아니함으로 그의 딸이 되었느니라

09 관계대명사의 계속적 용법

1. 관계대명사에는 who, which, that, what이 있다. 관계대명사 바로 앞에 오는 명사를 선행사라고 한다. 관계대명사의 격(주격, 소유격, 목적격)을 다음의 표로 살펴보자.

선행사	주격	소유격	목적격
사람	who	whose	whom
사물, 동물	which	whose of which	which
사람, 사물, 동물	that	_____	that
선행사 포함	what	_____	what

2. 관계대명사의 용법에는 두 가지가 있다.

1) 제한적 용법: 관계대명사의 뒷부분부터 해석한다

예문 He has a friend. / He lives in Paris.

위 두 문장을 관계대명사로 엮어서 한 문장으로 만들어보자.
a friend와 뒷문장의 He와 같기 때문에 그리고 He는 주격이므로

예문 He has a friend who lives in Paris.
(그에게는 파리에 살고 있는 친구가 있다)

2) 계속적 용법: 문장의 앞부분부터 해석한다. / 관계대명사 앞에 comma (,)가 온다.

예문 He has a friend, who lives in Paris.
(그에게는 친구가 한 명 있는데, 그는 파리에 산다)

■ 관계대명사 that과 what은 계속적 용법이 없다. 따라서 that이나 what의 바로 앞에 comma (,)가 올 수 없다. [,that (x) / ,what (x)]

■ 관계대명사 계속적 용법은 관계대명사 바로 앞에 comma(,)가 오며, 이 부분을 '접속사(and, but, for, though)+대명사(he, she, it, we, you, they)'로 바꿀 수 있다.

계속적 용법의 몇 가지 예를 살펴보자.

예문1 He has two daughters, who became missionaries.
(그에게는 딸이 둘 있는데, 둘 다 선교사가 되었다)
[딸이 두 명 있는데, 두 사람 다 선교사가 되었다는 뜻]
,who를 '접속사+대명사'로 바꾸면, and they가 된다. 이 문장을 다시 쓰면, He has two daughters, and they became missionaries.가 된다.

예문2 Everyone likes Jongho, who is very kind.
(모든 사람이 종호를 좋아하는데, 왜냐하면 그가 매우 친절하기 때문이다)
,who를 다시 고치면 for he가 된다. 이때 'for'는 '왜냐하면'의 뜻이다. 이 문장을 다시 쓰면, Everyone likes Jongho, for he is very kind가 된다.

예문3 The man, who is young, is very wise.
(비록 어리지만 그 사람은 매우 지혜롭다)
,who를 다시 고치면 though he가 된다. 이때 'though'는 '비록~하지만'의 뜻이다. 이 문장을 다시 쓰면, The man, though he is young, is very wise.가 된다.

---

1 You have condemned and murdered innocent men, who were not opposing you.
(약5:6)

직역 너희는 결백한 사람들을 비난하고 살해하였다, 비록 그들이 너희에게 대항하지 않았더라도

핵심구조 ,who

단어 및 숙어의 확장 동사 condemn 비난하다, 힐난하다, 규탄하다 / murder (아무를) 살해하다, 학살하다 / oppose ~에 반대하다, ~에 이의를 제기하다, ~에 대항하다 형용사 innocent 무구한, 청정한, 순결한, 결백한, 순진한

해설 ,who를 접속사+대명사로 바꾸면 ,though they가 된다.

의역 너희가 옳은 자를 정죄하였도다 또 죽였도다 그는 너희에게 대항하지 아니하였느니라

---

2 and if he rescued Lot, a righteous man, <u>who</u> was distressed by the filthy lives of lawless men

(벧후2:7)

직역 그는 롯, 즉 정의로운 사람을 구조하였다, 왜냐하면 그가(롯) 비합법적인 사람들의 부도덕한 삶에 의해서 고통을 겪고 있었기 때문이다

핵심구조 ,who

단어 및 숙어의 확장 명사 life 생명, 삶 (lives: pl) 동사 rescue 구조하다, 구하다, 구제하다 / distress 고통(고난, 곤란)을 겪다 형용사 filthy 더러운, 불결한, 부도덕한 / lawless 비합법적인, 무법의, 법률에 어긋나는 / righteous 공정한, 바른, 정의의

해설 ① ,who는 관계대명사의 계속적 용법으로서 접속사+대명사로 바꾸면, for he가 된다. ② Lot과 a righteous man은 동격이다. ③ if는 아무 의미가 없다.
📁 2Peter 2-8을 NLT version을 살펴보자:

> For God did not spare even the angels who sinned. He threw them into hell, in gloomy pits of darkness, where they are being held until the day of judgment. And God did not spare the ancient world — except for Noah and the seven others in his family. Noah warned the world of God's righteous judgment. So God protected Noah when he destroyed the world of ungodly people with a vast flood. Later, God condemned the cities of Sodom and Gomorrah and turned them into heaps of ashes. He made them an example of what will happen to ungodly people. <u>But God also rescued Lot out of Sodom because he was a righteous man who was sick of the shameful immorality of the wicked people around him. Yes, Lot was a righteous man who was tormented in his soul by the wickedness he saw and heard day after day.</u>

의역 무법한 자의 음란한 행실을 인하여 고통하는 의로운 롯을 건지셨으니

---

3 Dear friends, I urge you, as aliens and strangers in the world, to abstain from sinful desires, <u>which</u> war against your soul.

(벧전2:11)

> **직역** 사랑하는 친구들이여, 나는 너희가, 이 세상의 외국인이면서 이방인으로서, 죄 많은 욕망으로부터 절제할 것을 요구한다, 왜냐하면 그 죄 많은 욕망은 너희의 영혼과 대항해서 전쟁을 일으키기 때문이다
>
> **핵심구조** ,which
>
> **단어 및 숙어의 확장** [명사] alien 외계인, 외국인, 다른/ soul 영혼 [동사] abstain 삼가다, 절제하다, 끊다 / urge 촉구하다, 요구하다, 강조하다 [형용사] sinful 죄 많은, 죄 받을, 사악한 [숙어] abstain from ~로부터 삼가다, 절제하다, 피하다
>
> **해설** ① ,which는 관계대명사의 계속적 용법으로서 접속사+대명사로 바꾸면 for they 가 된다. ② urge + O + to R=~로 하여금~하도록 촉구하다
>
> **의역** 사랑하는 자들아 나그네와 행인 같은 너희를 권하노니 영혼을 거스려 싸우는 육체의 정욕을 제어하라

4 Through him you believe in God, <u>who</u> raised him from the dead and glorified him, and so your faith and hope are in God. (벧전1:21)

> **직역** 그를 통하여 너희는 하나님의 존재를 믿는다, 왜냐하면 하나님은 그를 죽은 자들로부터 부활하게 하셨으며 그를 영광스럽게 하셨기 때문이다. 그래서 너희 의 믿음과 희망은 하나님 안에 있다.
>
> **핵심구조** ,who
>
> **단어 및 숙어의 확장** [동사] raise 부활하다 / glorify 영광을 올리다 [숙어] believe in ~ 의 존재를 믿다
>
> **해설** ① ,who를 접속사+대명사로 바꾸면, for he가 된다. ② the + 형용사는 복수보통 명사가 된다. the dead=dead people
>
> **의역** 너희는 저를 죽은 자 가운데서 살리시고 영광을 주신 하나님을 그리스도로 말 미암아 믿는 자인 너희 믿음과 소망이 하나님께 있게 하셨느니라

5 If any of you lacks wisdom, he should ask God, <u>who</u> gives generously to all without finding fault, and it will be given to him.

(약1:5)

직역 만약 너희 중의 누군가가 지혜가 부족하다면, 그는 하나님께 여쭤야한다, 왜냐하면 그가 모든 이에게 관대하게 주시기 때문이다, 결점을 찾지 않은 채로, 그러면 그것은 그에게 주어질 것이다

핵심구조 ,who

단어 및 숙어의 확장 명사 wisdom 지혜 / fault 흠, 결점, 잘못 동사 lack 부족하다, 결핍하다 부사 generously 너그럽게, 관대하게

해설 ① ,who는 관계대명사의 계속적용법으로서 접속사+대명사로 바꾸면, for He가 된다.

의역 너희 중에 누구든지 지혜가 부족하거든 모든 사람에게 후히 주시고 꾸짖지 아니하시는 하나님께 구하라 그리하면 주시리라

〈통곡의 벽(the Western Wall)〉

6 They have left the straight way and wandered off to follow the way of Balaam son of Beor, <u>who</u> loved the wages of wickedness.

(벧후2:15)

직역 그들은 똑바른 길을 떠나서 방황하다가 베오르의 아들 발람의 길을 따라갔다, 왜냐하면 그는 사악함이라는 노임을 사랑하였기 때문이었다

,who

단어 및 숙어의 확장 명사 wickedness 사악함, 심술궂음 / wage 임금, 급여, 노임, 삯 동사 leave 떠나다 (leave-left-left) / wander 방황하다, 방랑하다 형용사 straight 똑바로, 곧장, 연속한, 똑바른

해설 ,who를 접속사+대명사로 바꾸면 ,for he가 된다.

의역 저희가 바른 길을 떠나 미혹하여 브올의 아들 발람의 길을 좇는도다 그는 불의 의 삯을 사랑하다가

---

7 Every good and perfect gift is from above, coming down from the Father of the heavenly lights, <u>who</u> does not change like shifting shadows.

(약1:17)

직역 모든 선하고 완벽한 선물은 위로부터 천상의 빛으로 된 아버지로부터 내려오는 중이다, 왜냐하면 그는 이동하는 그림자처럼 변하지 않기 때문이다.

핵심구조 ,who

단어 및 숙어의 확장 명사 shadow 그림자 형용사 perfect 완벽한, 완전한 / heavenly 천 상의, 천국의

해설 ① ,who는 관계대명사의 계속적 용법으로서 for He로 바꿀 수 있다. ② shifting은 shadows를 꾸며주는 제한적 용법의 현재분사이다.

의역 각양 좋은 은사와 온전한 선물이 다 위로부터 빛들의 아버지께로서 내려오나니 그는 변함도 없으시고 회전하는 그림자도 없으시니라

---

8 Therefore get rid of all moral filth and the evil that is so prevalent and humbly accept the word planted in you, <u>which</u> can save you.

(약1:21)

직역 그러므로 모든 도덕적 더러움과 너무도 널리 퍼진 악을 제거하고 네 안에 심겨 진 그 말씀을 겸손하게 받아들여라, 왜냐하면 그것이(=그 말씀) 너희를 구할 수 있기 때문이다

단어 및 숙어의 확장 [명사] filth 오물, 불결한 것, 불결, 부정, 도덕적 부패, 타락 [동사] plant (~을) 뿌리다, 심다 / save 구하다, 구원하다 [형용사] moral 도덕적인, 도덕의 / prevalent 널리 퍼진 [부사] humbly 겸손하게, 비하해서, 초라하게, 천한 신분으로 [숙어] get rid of(=remove=eliminate) 없애다, 제거하다

해설 ① ,which는 관계대명사의 계속적 용법으로서 ,for it으로 바꿀 수 있다. ② the word와 planted 사이에는 주격관계대명사 that과 be동사 is가 생략돼 있다. ③ the evil과 so 사이에 주격관계대명사 that과 be동사 is가 생략되지 않은 채 그대로 쓰여 있다.

의역 그러므로 모든 더러운 것과 넘치는 악을 내어 버리고 능히 너희 영혼을 구원할 바 마음에 심긴 도를 온유함으로 받으라

---

9 Instead, it should be that of your inner self, the unfading beauty of a gentle and quiet spirit, <u>which</u> is of great worth in God's sight.

(벧전3:4)

직역 그 대신, 그것은 너희의 내적인 자신의 그것이 되어야 한다, 즉 부드럽고 조용한 영혼의 쇠퇴하지 않은 아름다움이다, 왜냐하면 그것은 하나님의 시각에서 볼 때에 매우 가치 있기 때문이다

핵심구조 ,which

단어 및 숙어의 확장 [명사] fading 쇠퇴, 감퇴 [동사] fade 시들다, 사라지다, 쇠퇴하다, 색이 바래다 [형용사] unfading 쇠퇴하지 않는, 불멸의

해설 ① ,which는 관계대명사의 계속적 용법으로서 접속사+대명사로 바꾸면, for it이 된다. ② that은 beauty를 대신하는 지시대명사이다.
베드로전서3장3절을 살펴보자:

> Your beauty should not come from outward adornment, such as braided hair and the wearing of gold jewelry and fine clothes. (벧전3:3)

의역 오직 마음에 숨은 사람을 온유하고 안정(安靜)한 심령의 썩지 아니할 것으로 하라 이는 하나님 앞에 값진 것이니라

10 And the God of all grace, <u>who</u> called you to his eternal glory in Christ, after you have suffered a little while, will himself restore you and make you strong, firm and steadfast. (벧전5:10)

> **직역** 매우 은혜로운 하나님은, 너희를 그리스도 안에서 그의 영원한 영광으로 부르셨는데, 너희가 잠시 동안 고통을 겪은 후에, 직접 너희를 회복시키시며 너희를 강하고, 견고하게 하고 흔들리지 않게 하실 것이다
>
> **핵심구조** ,who
>
> **단어 및 숙어의 확장** 동사 restore 되찾다, 복구하다, 회복하다 형용사 eternal / steadfast 견고한, 확고부동한, 고정된, 흔들리지 않는 숙어 a little while 잠시동안
>
> **해설** ① ,who는 관계대명사의 계속적 용법으로서 접속사+대명사로 바꾸면, and he가 된다. ② himself는 강조적 재귀대명사로서 '직접' '몸소'의 뜻이다. ③ of grace 는 'of + 추상명사'이다. of + 추상명사는 형용사이므로, of grace = graceful = 은혜로운 of all grace = very graceful = 매우 은혜로운
>
> **의역** 모든 은혜의 하나님 곧 그리스도 안에서 너희를 부르사 자기의 영원한 영광에 들어가게 하신 이가 잠간 고난을 받은 너희를 친히 온전케 하시며 굳게 하시며 강하게 하시며 너를 견고케 하시리라

11 With the help of Silas, <u>whom</u> I regard as a faithful brother, I have written to you briefly, encouraging you and testifying that this is the true grace of God. Stand fast in it. (벧전5:12)

> **직역** 사일러스의 도움으로, 나는 그를 충성스러운 형제로 여기는데, 나는 너희에게 간략하게 편지를 써왔다, 너희를 격려하고 이것이 하나님의 진실한 은혜임을 증명하면서. 그 안에 굳게 서라
>
> **핵심구조** ,whom
>
> **단어 및 숙어의 확장** 동사 testify 증거하다, 간증하다 / write 쓰다 (write-wrote-written) / encourage 격려하다, 사기를 북돋다 부사 briefly 간략하게 말하면, 간단하게 / fast 굳게, 꽉 숙어 regard A as B: A를 B로 간주하다, 여기다
>
> **해설** ① ,whom은 관계대명사의 계속적 용법으로서 접속사+대명사로 바꾸면 and him

이 된다. ,whom 이하를 다시 원래의 문장으로 바꾸면, and I regard him as a faithful brother가 된다. and와 him이 합쳐서 ,whom이 된 것이다.
② ,encouraging and testifying은 분사구문의 동시상황으로서 and encourage and testify로 바꿀 수 있다. ③ that은 앞에 동사 encourage and testify, 뒤에 주어+동사가 왔으므로 종속접속사이다.

의역 내가 신실한 형제로 아는 실루아노로 말미암아 너희에게 간단히 써서 권하고 이것이 하나님의 참된 은혜임을 증거하노니 너희는 이 은혜에 굳게 서라

12 He writes the same way in all his letters, speaking in them of these matters. His letters contain some things that are hard to understand, which ignorant and unstable people distort, as they do the other Scriptures, to their own destruction. (벧후3:16)

직역 그는 그의 모든 편지 속에서 똑같은 방법으로 쓴다, 그들(편지)속에서 이러한 문제들에 관하여 말하면서. 그의 편지들은 이해하기 어려운 것들을 몇 가지 포함하고 있는데, 그것들을 무지하고 불안정한 사람들이 왜곡해서 그들 자신이 파멸되기 때문이다, 마치 그들이 다른 성경들을 그렇게 하듯이

핵심구조 ,which

단어 및 숙어의 확장 명사 destruction 파괴, 파멸 동사 distort (얼굴을)찡그리다, 비틀다 형용사 ignorant 무지한, 알지 못하는 / unstable 불안정한, 변하기 쉬운, 침착하지 않은

해설 ① ,which는 계속적용법의 관계대명사로서 접속사+대명사로 바꾸면, and ignorant and unstable people distort them이 된다. ② ,speaking은 분사구문의 동시상황으로서 ,and speaks로 바꿀 수 있다. ③ some things와 hard 사이에 주격 관계대명사 that과 be동사 are가 생략되지 않은 채 그대로 쓰여 있다.

의역 또 그 모든 편지에도 이런 일에 관하여 말하였으되 그 중에 알기 어려운 것이 더러 있으니 무식한 자들과 굳세지 못한 자들이 다른 성경과 같이 그것도 억지로 풀다가 스스로 멸망에 이르느니라

13 Submit yourselves for the Lord's sake to every authority instituted among men: whether to the king, as the supreme authority, or to governors, <u>who</u> are sent by him to punish those who do wrong and to commend those who do right. (벧전2:13-14)

> **직역** 제발 인간들 사이에 설치된 모든 권위에 복종하라. 최상의 권위로서 왕에게든지 혹은 통치자에게든지, 왜냐하면 그들은 나쁜 일을 하는 자들을 벌주고 옳은 일을 하는 자들을 칭찬하기 위하여 그에 의해서 보내지기 때문이다
>
> **핵심구조** ,who
>
> **단어 및 숙어의 확장** 【명사】 authority 권위, 권력, 위신, 권한, 직권, 허가 / governor 통치자, 지배자 【동사】 institute (제도, 습관을) 만들다, 설치하다, 설립하다, 제정하다, 실시하다 / send 보내다 (send-sent-sent) / punish 벌주다 / commend 칭찬하다 【형용사】 supreme 최고의, 최상의 【숙어】 whether A or B: A든지 B든지 / submit oneself 복종시키다, 따르게 하다(to) / for the Lord's sake 제발, 아무쪼록, 부디
>
> **해설** ① ,who는 계속적 용법의 관계대명사로서 접속사+대명사로 바꾸면 ,for they가 된다. ② instituted는 authority를 뒤에서 꾸며주는 제한적 용법의 과거분사이다. ③ authority와 instituted 사이에 주격관계대명사 that과 is가 생략돼 있다.
>
> **의역** 인간에 세운 모든 제도를 주를 위하여 순복(順服)하되 혹은 위에 있는 왕이나 혹은 악행하는 자를 징벌하고 선행하는 자를 포장(褒獎)하기 위하여 그의 보낸 방백에게 하라

14 For this is the way the holy women of the past who put their hope in God used to make themselves beautiful. They were submissive to their own husbands, like Sarah, <u>who</u> obeyed Abraham and called him her master. You are her daughters if you do what is right and do not give way to fear. (벧전3:5-6)

> **직역** 왜냐하면 이것이 하나님에게 희망을 두었던 과거의 거룩한 여자들이 자신들을 아름답게 하곤했던 방법이기 때문이다. 그들은 아브라함에게 복종하고 그를 그녀의 주인이라고 불렀던 사라처럼, 그들 자신의 남편들에게 복종적이었다. 너희는 그녀의 딸들이다 만약 너희가 옳은 일을 행하고 두려움에게 양보하지

않는다면

핵심구조 ,who

단어 및 숙어의 확장 형용사 submissive 복종(순종)하는 / obey 복종(순종)하다 숙어
give way to 자리를 내주다, 양보하다

해설 ① ,who는 관계대명사의 계속적 용법으로서 접속사+대명사로 바꾸면, and she가
된다. ② how는 관계부사이다. the way how는 함께 사용할 수 없다. the way
that으로 쓰거나 the way만을 쓰거나 how만을 써야한다 ③ what은 관계대명사
로서 the thing which로 바꿀 수 있다.

의역 전에 하나님께 소망을 두었던 거룩한 부녀들도 이와 같이 자기 남편에게 순복
함으로 자기를 단장하였나니 사라가 아브라함을 주라 칭하여 복종한 것 같이
너희가 선을 행하고 아무 두려운 일에도 놀라지 아니함으로 그의 딸이 되었느
니라

---

15 Concerning this salvation, the prophets, who spoke of the grace that
was to come to you, searched intently and with the greatest care,
trying to find out the time and circumstances to which the Spirit
of Christ in them was pointing when he predicted the sufferings
of Christ and the glories that would follow.　(벧전1:10-11)

직역 이 구원에 관하여, 너희에게 가게 될 은혜에 관해서 말하는 예언자들이 열심히
그리고 매우 조심스럽게 찾았다, 그들 안에 계신 그리스도의 영이 가리키는
시간과 상황들을 찾아내려고 시도하면서, 그가 그리스도의 고난과 그에 따른
영광을 예언할 때에

핵심구조 ,who

단어 및 숙어의 확장 명사 salvation 구원, 구제, 구조 / circumstance 상황, 환경, 정황
/ prophet 예언자, 선지자 동사 predict 예언하다, 예측하다 / speak 말하다
(speak-spoke-spoken) 부사 intently 집중하여, 열심히, 골똘하게 전치사
concerning ～에 관하여(=regarding)(=about)

해설 ① ,who를 접속사+대명사로 바꾸면 ,and they가 된다. ② grace와 to come 사이
에 주격관계대명사 that과 be동사 was가 생략되지 않은 채 그대로 쓰여 있다.

③ with care=carefully=조심스럽게, with the greatest care=very carefully=매우 조심스럽게 ④ ,trying은 분사구문의 동시상황으로서 and tried로 바꿀 수 있다. ⑤ glories 다음에 오는 주격관계대명사 that은 뒤에 일반동사 follow가 왔으므로 생략할 수 없다.

의역 이 구원에 대하여는 너희에게 임할 은혜를 예언하던 선지자들이 연구하고 부지런히 살펴서 자기 속에 계신 그리스도의 영이 그 받으실 고난과 후에 얻으실 영광을 미리 증거하여 어느 시, 어떠한 때를 지시하시는지 상고(詳考)하니라

16 In it only a few people, eight in all, were saved through water, and this water symbolizes baptism that now saves you also—not the removal of dirt from the body but the pledge of a good conscience toward God. It saves you by the resurrection of Jesus Christ, who has gone into heaven and is God's right hand—with angels, authorities and powers in submission to him. (벧전3:20-22)

직역 그것 안에는 불과 얼마 안 되는 사람들, 즉 모두 8명만이 물을 통하여 구원받았다, 그리고 이 물은 이제 너희들도 구원하는 세례를 상징한다—육신에서 죄를 제거하는 것이 아니라 하나님을 향한 선한 양심의 맹세이다. 그것은 예수 그리스도의 부활에 의해서 너희를 구원하는데, 왜냐하면 그가 하늘에 가서서 하나님의 오른손이 되기 때문이다—천사와 권위와 능력이 그에게 복종하면서

핵심구조 , who

단어 및 숙어의 확장 **명사** baptism 세례 / removal 제거, 삭제 / dirt 먼지, 때, 흙 / pledge 약속(하다), 공약(하다), 서약(하다) / conscience 양심, 도덕심, 의식 / resurrection 부활, 되살아남, 그리스도의 부활 / authority 권한, 권위, 당국 / submission 굴복, 순종, 제출 **동사** symbolize 상징하다, 나타내다 / save 구하다, 절약하다 / remove 제거하다, 없애다, 삭제하다, 치우다 / go 가다 (go-went-gone) **숙어** not A but B: A가 아니라 B / in all: 전부, 모두 해서, 도합

해설 ① ,who는 관계대명사의 계속적 용법으로서 접속사+대명사로 바꾸면, for he가 된다. ②주격관계대명사 that은 뒤에 일반동사 saves가 왔으므로 생략할 수 없다.

예수 그리스도의 죽은 자 가운데서 부활하심으로 말미암아 우리를 거듭나게
하사 산 소망이 있게 하시며 썩지 않고 더럽지 않고 쇠하지 아니하는 기업을
잇게 하시나니 곧 너희를 위하여 하늘에 간직하신 것이라 너희가 말세에 나타
내기로 예비하신 구원을 얻기 위하여 믿음으로 말미암아 하나님의 능력으로
보호하심을 입었나니

18 Peter, an apostle of Jesus Christ, To God's elect, strangers in the
world, scattered throughout Pontus, Galatia, Cappadocia, Asia and
Bithynia, <u>who</u> have been chosen according to the foreknowledge
of God the Father, through the sanctifying work of the Spirit, for
obedience to Jesus Christ and sprinkling by his blood: Grace and
peace be yours in abundance.

(벧전1:1-2)

직역 예수 그리스도의 사도, 베드로가 폰투스, 갈라시아, 갑바도키아, 아시아와 비스
니아 전역으로 흩어진 하나님에게서 선택된 자, 즉 이 세상의 이방인들에게
보냄, 이들은, 아버지 하나님의 선견지명에 의해서 뽑힌 자들이니, 성령의 신성
한 작용을 통하고, 예수 그리스도에게 복종하기 위하여, 그리고 그의 피로 뿌림
을 통해서: 너희들에게 은혜와 평화가 충만하기를

핵심구조 , who

단어 및 숙어의 확장 **명사** apostle 사도 / elect 뽑힌 사람, 하나님의 선민, 소명을 받
은, 하나님에게 선택된 / foreknowledge 예지, 선견지명, 통찰 / obedience 복종,
순종 **동사** scatter 흩뿌리다 / choose 선택하다 (choose-chose-chosen) /
sprinkle ~을 뿌리다, 끼었다, 흩뿌리다 / sanctify ~을 신성하게 하다, 축성하
다, (죄 따위)씻다, 깨끗이 하다 **숙어** in abundance 풍부하게 / according to
~에 따라서

해설 ① ,who는 관계대명사의 계속적 용법으로서 접속사+대명사로 바꾸면 ,and they가
된다. ② strangers와 scattered 사이에 주격관계대명사 that과 were가 생략돼 있다.
③ 과거분사 scattered 이하는 strangers를 꾸며주는 제한적 용법이다. ④
sanctifying은 제한적 용법의 현재분사로서 명사 work을 꾸며준다. ⑤ Grace 앞에
May가 생략돼 있다.

의역 예수 그리스도의 사도 베드로는 본, 갈라디아, 갑바도기아, 아시아와 비두니아

에 흩어진 나그네 곧 하나님 아버지의 미리 아심을 따라 성령의 거룩하게 하심으로 순종함과 예수 그리스도의 피뿌림을 얻기 위하여 택하심을 입은 자들에게 편지하노니 은혜와 평강이 너희에게 더욱 많을찌어다

10
복합관계대명사

복합관계대명사는 관계대명사 what, who, which, whom의 끝에 -ever가 붙은 것으로서 '무엇이든지' '누구든지' '어느 것이든지'의 뜻을 갖고 있다.

> whoever + V
> whatever + V
> whichever + S + V
> whomever + S + V

- 복합관계대명사: whatever (무엇이든지) / whichever (어느 것이든지) / whoever (누구든지) / whomever (누구에게든지) (*그러나 thatever, whoseever는 없다)

- whoever는 주격이므로 whoever 다음에는 동사(V)가 오며, whomever와 whichever는 목적격이므로 whomever와 whichever 다음에는 주어(S)+동사(V)가 온다.

예문1 Give the apple whoever wants it.
(사과를 원하는 사람 누구에게나 주어라)

예문2 Whatever happens, I will go.
(무슨 일이 일어나든지 나는 가겠다)

예문3 Choose whichever you want.
(원하는 것이면 어느 것이나 골라라)

예문4 Whatever she may choose, Serin can do it well.
(무엇을 선택하든지 세린이는 그 일을 잘 할 수 있다)

예문5 Whatever you do, work at it with all your heart.
(무엇을 하든지, 온 마음을 다하여 그 일을 해라)

예문6 The Father will give you whatever you ask because of your love for the Son.
(아버지께서는 아들에 대한 사랑 때문에 너희가 요구하는 것이면 무엇이든지 너희에게 주실 것이다)

예문7 Whoever wants to save his life will lose it, but whoever loses his life for me will find it.
(자신의 목숨을 구하기를 원하는 사람은 누구나 목숨을 잃을 것이나 나를 위해서 자신의 목숨을 잃는 자는 누구나 목숨을 찾을 것이다)
[whoever는 주격이다]

① 복합관계대명사 whoever

1 For whoever keeps the whole law and yet stumbles at just one point is guilty of breaking all of it. (약2:10)

직역 왜냐하면 모든 법을 지키지만 한 지점에서만 넘어지는 사람은 누구라도 그것 모두를 깨뜨리는 죄를 짓는 것이기 때문이다

핵심구조 Whoever + 동사 keeps / stumbles

단어 및 숙어의 확장 〔동사〕 stumble (~에 걸려)넘어질듯 비틀거리다, 비틀비틀(휘청) 걷다 〔형용사〕 guilty (도덕, 형법상의)죄를 범한, 유죄의, 과실의

해설 whoever는 복합관계대명사로서 '누구든지'

의역 누구든지 온 율법을 지키다가 그 하나에 거치면 모두 범한 자가 되나니

2 For, "Whoever would love life and see good days must keep his tongue from evil and his lips from deceitful speech. (벧전3:10)

> **직역** 왜냐하면, "삶을 사랑하고 선한 날을 보려는 자는 누구든지 악으로부터 그의 혀를 지켜야하고 기만적인 말로부터 그의 입술을 지켜야하기 때문이다
>
> **핵심구조** Whoever + 동사 would love...and see
>
> **단어 및 숙어의 확장** [명사] deceit 책략, 사기, 속임 / speech 연설, 말, 언어, 발언 [형용사] deceitful 기만적인, 사기의
>
> **해설** Whoever는 복합관계대명사로서 '누구든지'
>
> **의역** 그러므로 생명을 사랑하고 좋은 날 보기를 원하는 자는 혀를 금하여 악한 말을 그치며 그 입술로 궤휼을 말하지 말고

3 My brothers, if one of you should wander from the truth and someone should bring him back, remember this. Whoever turns a sinner from the error of his way will save him from death and cover over a multitude of sins. (약5:19-20)

> **직역** 나의 형제들아, 만약 너희 중의 한 명이 진리로부터 헤매고 누군가가 그를 데려와야한다면 이것을 기억해라. 죄인을 그의 잘못된 길에서 되돌리는 자는 누구든지 그를 죽음에서 건져서 많은 죄를 덮어줄 것이다
>
> **핵심구조** Whoever + 동사 turns
>
> **단어 및 숙어의 확장** [명사] error 잘못, 실수, 그릇됨 / sinner 죄인 [동사] wander (정처 없이)떠돌다, 헤매다, 방랑하다, 배회하다 [숙어] a multitude of 많은
>
> **해설** Whoever는 복합관계대명사로서 '누구든지'
>
> **의역** 내 형제들아 너희 중에 미혹하여 진리를 떠난 자를 누가 돌아서게 하면 / 너희가 알 것은 죄인을 미혹한 길에서 돌아서게 하는 자가 그 영혼을 사망에서 구원하며 허다한 죄를 덮을 것이니라

② 복합관계대명사 whatever

1 Each one should use <u>whatever</u> gift he has received to serve others, faithfully administering God's grace in its various forms. (벧전4:10)

> **직역** 각 자는 그가 받은 재능이면 무엇이든지 다른 사람들을 섬기기 위하여 사용해야한다, 그것의 다양한 형태로 하나님의 은혜를 충실하게 관리하면서
>
> **핵심구조** whatever + 명사 gift + 주어 he + 동사 has received
>
> **단어 및 숙어의 확장** 동사 administer 관리하다, 실시하다, 운영하다, 집행하다
> 형용사 various 다양한 부사 faithfully 충실하게
>
> **해설** ① whatever는 복합관계대명사로서 '무엇이든지'의 뜻이다. 이 문장에서는 whatever 다음에 명사(gift)가 와서 '무슨 재능이든지'가 된다. ② ,administering은 분사구문의 동시상황으로서 ,and administer로 바꿀 수 있다.
>
> **의역** 각각 은사를 받은 대로 하나님의 각양 은혜를 맡은 선한 청지기같이 서로 봉사하라

2 They promise them freedom, while they themselves are slaves of depravity—for a man is a salve to <u>whatever</u> has mastered him.

(벧후2:19)

> **직역** 그들은 그들에게 자유를 약속한다, 한편 그들 자신이 부패한 노예이다—왜냐하면 인간은 그를 정복해온 것에 대해서는 무엇이든지 노예이기 때문이다
>
> **핵심구조** whatever + 동사 has mastered
>
> **단어 및 숙어의 확장** 명사 slave 노예 / depravity 악행, 부패행위 동사 promise 약속하다 / master 지배(정복)하다, ~의 주인이 되다, 숙달(정통)하다
>
> **해설** whatever는 복합관계대명사로서 '무엇이든지'
>
> **의역** 저희에게 자유를 준다 하여도 자기는 멸망의 종들이니 누구든지 진 자는 이긴 자의 종이 됨이니라
>
> **성경해설** 여기에서 '저희(they)'는 '거짓 선생들(false teachers)'을 의미한다.(벧후 2:1-19)

11

관계부사의 계속적 용법,
생략, 복합관계부사

■ 형태: ,where 또는 ,when이 쓰이는 문장을 관계부사의 계속적 용법이라고 한다.

먼저 제한적 용법을 살펴보자.

This is the apartment and they live in it.이라는 문장을 보자. 여기에서 apartment와 it은 같다. in it을 장소를 나타내는 where라는 관계부사로 바꾼 다음 문장을 쓰면, This is the apartment where they live. (이곳은 그들이 사는 아파트이다)가 된다. 이때 where they live는 apartment를 뒤에서 수식하는 형용사절이다. 이렇게 수식하는 것을 제한적 용법이라고 한다.

그러면 계속적 용법이란 무엇인가? 계속적 용법은 반드시 where나 when의 앞에 comma(,)가 있어야 한다.

예문1 They went to Rome, where they stayed for a week.
　　　 (그들은 로마에 갔는데, 그곳에서 일주일 머물렀다)

이때, ,where를 and there로 바꿀 수 있다.

　　　 They went to Rome, and there they stayed for a week.

또 시간을 나타낼 경우에는 ,when이 쓰인다.

① 관계부사의 계속적 용법

1 It was revealed to them that they were not serving themselves but you, <u>when</u> they spoke of the things that have now been told you by those who have preached the gospel to you by the Holy Spirit sent from heaven. Even angels long to look into these things.

(벧전1:12)

직역 그들에게 드러났다 그들이 그들 자신이 아니라 너희를 섬기는 것이. 왜냐하면 그때 하늘에서 보낸 성령에 의해서 너희에게 복음을 가르쳐온 사람들이 이제는 너희에게 들려준 것들에 대해서 그들이 말했기 때문이다. 천사들조차도 이러한 것들을 조사하기를 갈망한다

핵심구조 ,when + 주어 they + 동사 spoke

단어 및 숙어의 확장 동사 speak 말하다 (speak-spoke-spoken) / tell 말하다 (tell-told-told) / send 보내다 (send-sent-sent) / preach 설교하다 / serve 섬기다, 봉사하다 / reveal 드러내다, 보여주다 숙어 look into 조사하다, 살펴보다

해설 ① ,when은 관계부사의 계속적 용법으로서 ,for then으로 바꿀 수 있다. ② It은 가주어, that이하는 진주어이다. ③ 주격관계대명사 that은 뒤에 일반동사 have been told가 왔으므로 생략할 수 없다. ④ the Holy Spirit과 sent 사이에 주격관계 대명사 that과 was가 생략돼 있다. ⑤ sent는 the Holy Spirit를 뒤에서 꾸며주는 제한적 용법의 과거분사이다.

이 섬긴 바가 자기를 위한 것이 아니요 너희를 위한 것임이 계시로 알게 되었으니 이것은 하늘로부터 보내신 성령을 힘입어 복음을 전하는 자들로 이제 너희에게 고한 것이요 천사들도 살펴보기를 원하는 것이니라

② 관계부사의 생략

선행사나 관계부사는 가끔 생략될 수도 있다.

예문1 This is the place (where) she comes from.
(이곳이 그녀의 출신지이다)

예문2 This is (the place) where she comes from.

예문3 That's (the reason) why they don't come.
(그것이 그들이 오지 않은 이유이다)

예문4 That's the reason (why) they don't come.

1 Live such good lives among the pagans that, though they accuse you of doing wrong, they may see your good deeds and glorify God on the day ✓ he visits us.

(벧전2:12)

직역 이교도들 사이에서 그러한 선한 삶을 살아라 비록 그들이 너희가 나쁜 일을 한다고 고발한다 할지라도, 그가 우리를 방문하는 날 그들이 너희의 선한 행동을 보고 하나님을 찬양할 수 있도록

핵심구조 명사 the day + (when) + 주어 he + 동사 visits

단어 및 숙어의 확장 명사 pagan 이교도 (기독교, 유대교, 이슬람교의 신자가 아닌 사람) gentile:(유대인의 입장에서) 이방인 (특히 기독교도) / deed 행위, 행동 (do의 명사형) / life 삶, 인생 (pl. lives) 동사 glorify (신을)찬미하다, 찬송하다, 찬양하다, ~영광을 더하다 / accuse 고발(고소)하다, 비난하다, 나무라다

의역 너희가 이방인 중에서 행실을 선하게 가져 너희를 악행한다고 비방하는 자들로 하여금 너희 선한 일을 보고 권고하시는 날에 하나님께 영광을 돌리게 하려 함이라

2 For this is the reason ✓ the gospel was preached even to those who are now dead, so that they might be judged according to men in regard to the body, but live according to God in regard to the spirit.

(벧전4:6)

직역 왜냐하면 이것이 복음이 선포되었던 바로 그 이유이기 때문이다 지금은 죽은 사람들에게조차도, 몸에 의한 인간에 따르면 그들이 심판을 받을지도 모르지만, 영혼에 의한 신에 따르면 살 수도 있기 위하여

핵심구조 the reason + (why) + 주어 the gospel + 동사 was preached

단어 및 숙어의 확장 동사 judge 심판하다, 판단하다 / preach 가르치다, 설교하다
숙어 in regard to ~에 관해서 / according to ~에 따르면, ~에 의하면

해설 ① reason과 the gospel 사이에 이유를 나타내는 관계부사 why가 생략돼 있다. ② so that + 주어 they + might + 동사원형 be ~하기 위하여

의역 이를 위하여 죽은 자들에게도 복음이 전파되었으니 이는 육체로는 사람처럼 심판을 받으나 영으로는 하나님처럼 살게 하려 함이니라

3 For this is the way ✓ the holy women of the past who put their hope in God used to make themselves beautiful. They were submissive to their own husbands, like Sarah, who obeyed Abraham and called him her master. You are her daughters if you do what is right and do not give way to fear.

(벧전3:5-6)

직역 왜냐하면 이것이 하나님에게 희망을 두었던 과거의 거룩한 여자들이 자신들을 아름답게 하곤했던 방법이기 때문이다. 그들은 아브라함에게 복종하고 그를

그녀의 주인이라고 불렀던 사라처럼, 그들 자신의 남편들에게 복종적이었다. 너희는 그녀의 딸들이다 만약 너희가 옳은 일을 행하고 두려움에게 양보하지 않는다면

핵심구조 명사 the way + (how) + 주어 the holy women + 동사 used to make

단어 및 숙어의 확장 [형용사] submissive 복종(순종)하는 / obey 복종(순종)하다 [숙어] give way to 자리를 내주다, 양보하다 / used to R ～하곤 했다(과거의 규칙적 습관)

해설 ① how는 관계부사이다. the way how는 함께 사용할 수 없다. the way that으로 쓰거나 the way만을 쓰거나 how만을 써야한다. ② ,who는 관계대명사의 계속적 용법으로서 접속사+대명사로 바꾸면, and she가 된다. ③ what은 관계대명사로서 the thing which로 바꿀 수 있다.

의역 전에 하나님께 소망을 두었던 거룩한 부녀들도 이와 같이 자기 남편에게 순복함으로 자기를 단장하였나니 사라가 아브라함을 주라 칭하여 복종한 것 같이 너희가 선을 행하고 아무 두려운 일에도 놀라지 아니함으로 그의 딸이 되었느니라

③ 복합관계부사

> wherever + S + V (어디든지)
> whenever + S + V (언제든지)
> However + 형용사(부사) + S + V (아무리 ～한다하더라도)
> whyever는 없다

예문1 Wherever you may go, I will follow you.
(네가 가는 곳이면 어디든지 너를 따라가겠다)

예문2 Please call me whenever you come up to Seoul.
(서울에 올 때마다 내게 전화해라)

예문3 However late you may be, don't forget to call me.
(아무리 늦더라도 내게 전화하는 것을 잊지 마시오)

3-1. wherever + S + V

1 Or take ships as an example. Although they are so large and are driven by strong winds, they are steered by a very small rudder <u>wherever</u> the pilot wants to go.

(약3:4)

> **직역** 혹은 배를 예로 들어보자. 비록 그들(배)이 너무 커서 강한 바람에 의해 운행된다 하더라도 그들은 매우 작은 키에 의해서 조종된다 조종사가 가기 원하는 곳이면 어디든지
>
> **핵심구조** wherever + 주어 the pilot + 동사 wants
>
> **단어 및 숙어의 확장** `명사` rudder 키, 방향키 / pilot 조종사, 비행사 `동사` steer 조종하다, 나아가다, 돌리다 / drive 운전하다 (drive-drove-driven) `숙어` take... an example ~을 예로 들다
>
> **해설** wherever는 복합관계부사로서 '어디든지' 의 뜻이다.
>
> **의역** 또 배를 보라 그렇게 크고 광풍에 밀려가는 것들을 지극히 작은 키로 사공의 뜻대로 운전하나니

3-2. whenever + S + V

1 Consider it pure joy, my brothers, <u>whenever</u> you face trials of many kinds, because you know that the testing of your faith develops perseverance.

(약1:2-3)

> **직역** 나의 형제들이여, 너희가 많은 종류의 시련에 부딪칠 때마다 그것을 순수한 기쁨으로 간주하라. 너희가 알기 때문이다 너희의 믿음의 시험이 인내를 개발한다는 것을.
>
> **핵심구조** whenever + 주어 you + 동사 face
>
> **단어 및 숙어의 확장** `명사` trial 시련, 시험 / kind(s) 종류 / perseverance 인내(력), 참을성

whenever는 복합관계부사로서 '언제든지'의 뜻이다.

내 형제들아 너희가 여러 가지 시험을 만나거든 온전히 기쁘게 여기라 이는 너희 믿음의 시련이 인내를 만들어내는 줄 너희가 앎이라

〈스페인: 몬세라트 수도원〉

12

전치사 + 추상명사=부사(구)

전치사와 추상명사가 합하여 부사가 된다

예1 on purpose=purposely 고의로, 의도적으로

예2 with ease=easily 쉽게, 용이하게

예3 with patience=patiently 인내심 있게, 참을 성 있게, 끈기 있게

예4 in abundance=abundantly 풍부하게

예5 by mistake=mistakenly 실수로, 잘못하여, 오해하여

예6 by accident=accdentally 우연히

---

1   Slaves, submit yourselves to your masters <u>with all respect</u>, not only to those who are good and considerate, but also to those who are harsh.

(벧전2:18)

직역 노예들아, 매우 존중하는 마음으로 너희 주인들에게 복종하라, 선하고 사려깊 은 자들에게뿐만 아니라, 사나운 자들에게도

핵심구조 with + 추상명사 all respect

단어 및 숙어의 확장 〔명사〕 slave 노예 / master 주인 (여주인 mistress) 〔형용사〕 harsh 거

친, 사나운, 귀에 거슬리는 / considerate 사려깊은, 남을 배려하는 [숙어] not only A but also B: A뿐만 아니라 B도 역시 / submit oneself 복종(순종)하다

[해설] ① with respect=respectfully 존경심을 지니고, 존경하는 마음으로 / 여기에서 all 이 들어가면 all은 very의 뜻이 된다. 따라서 with all respect=very respectfully= 매우 존경하는 마음으로 ② those 다음에는 people이 생략돼 있다.

[의역] 사환들아 범사에 두려워함으로 주인들에게 순복하되 선하고 관용하는 자들에게만 아니라 또한 까다로운 자들에게도 그리하라

---

2 Young men, in the same way be submissive to those who are older. All of you, clothe yourselves <u>with humility</u> toward one another, because, "God oppose the proud but gives grace to the humble.

(벧전5:5)

[직역] 젊은이들이여, 똑같은 방법으로 더 나이 든 사람들에게 순종하라. 너희 모두는 서로를 향하여 겸손하게 옷을 입어라, 왜냐하면, "하나님은 교만한 자들을 반대하시지만 겸손한 자들에게는 은혜를 주시기 때문이다

[핵심구조] with + 추상명사 humility

[단어 및 숙어의 확장] [명사] humility 겸손, 겸양 (humilities 겸손한 행위) [동사] clothe ~에게 옷을 주다, 덮다 (clothe oneself 옷을 입다, 옷을 입히다) / oppose ~에 반대하다, 이의를 제기하다, 대항하다 [형용사] submissive 복종(순종)하는, 유순한, 온순한 / humble (신분 등이) 비천한, 천한, 초라한, 변변찮은, 겸손한, 겸허한

[해설] ① with+추상명사 humility=부사 humbly 겸손하게 ② the+형용사 proud=proud people=오만한 사람들, the+형용사 humble=humble people=겸손한 사람들

[의역] 젊은 자들아 이와 같이 장로들에게 순복하고 다 서로 겸손으로 허리를 동이라 하나님이 교만한 자를 대적하시되 겸손한 자들에게는 은혜를 주시느니라

---

3 Husbands, in the same way be considerate as you live with your wives, and treat them <u>with respect</u> as the weaker partner and as heirs with you of the gracious gift of life, so that nothing will hinder your prayers.

(벧전3:7)

직역 남편들아, 똑같은 방법으로 너희가 너희 아내들과 살 때 배려하여라, 그리고 존경하는 마음으로 그들을 더 약한 파트너로서 그리고 삶의 우아한 선물의 상속자로 대접하라, 아무것도 너희의 기도를 방해하지 않도록

핵심구조 with + 추상명사 respect

단어 및 숙어의 확장 명사 heir 후계자, 상속인, 후손 동사 hinder 방해하다, 저해하다, 막다 형용사 considerate 배려하는, 이해심 있는 / gracious 친절한, 우아한, 관대한

해설 ① with respect=respectfully=존경심을 지니고, 존경하는 마음으로 ② so that + 주어 nothing + will + 동사원형 hinder

의역 남편 된 자들아 이와 같이 지식을 따라 너희 아내와 동거하고 저는 더 연약한 그릇이요 또 생명의 은혜를 유업으로 함께 받을 자로 알아 귀히 여기라 이는 너희 기도가 막히지 아니하게 하려 함이라

---

4 Concerning this salvation, the prophets, who spoke of the grace that was to come to you, searched intently and <u>with the greatest care</u>, trying to find out the time and circumstances to which the Spirit of Christ in them was pointing when he predicted the sufferings of Christ and the glories that would follow. (벧전1:10-11)

직역 이 구원에 관하여, 너희에게 가게 될 은혜에 관해서 말하는 예언자들이 열심히 그리고 매우 조심스럽게 찾았다, 그들 안에 계신 그리스도의 영이 가리키는 시간과 상황들을 찾아내려고 시도하면서, 그가 그리스도의 고난과 그에 따른 영광을 예언할 때에

핵심구조 with + 추상명사 the greatest care

단어 및 숙어의 확장 명사 salvation 구원, 구제, 구조 / circumstance 상황, 환경, 정황 / prophet 예언자, 선지자 동사 predict 예언하다, 예측하다 / speak 말하다 (speak-spoke-spoken) 부사 intently 집중하여, 열심히, 골똘하게 전치사 concerning ~에 관하여(=regarding)(=about)

해설 ① with care=carefully=조심스럽게, with the greatest care=very carefully=매우 조심스럽게 ② grace와 to come 사이에 주격관계대명사 that과 be동사 was가

생략되지 않은 채 그대로 쓰여 있다. ③,who를 접속사+대명사로 바꾸면 ,and they가 된다. ④ ,trying은 분사구문의 동시상황으로서 and tried로 바꿀 수 있다. ⑤ 주격관계대명사 that은 뒤에 일반동사 follow가 왔으므로 생략할 수 없다.

의역 이 구원에 대하여는 너희에게 임할 은혜를 예언하던 선지자들이 연구하고 부지런히 살펴서 자기 속에 계신 그리스도의 영이 그 받으실 고난과 후에 얻으실 영광을 미리 증거하여 어느 시, 어떠한 때를 지시하시는지 상고(詳考)하니라

5 But in your hearts set apart Christ as Lord. Always be prepared to give an answer to everyone who asks you to give the reason for the hope that you have. But do this <u>with gentleness and respect,</u> keeping a clear conscience, so that those who speak maliciously against your good behavior in Christ may be ashamed of their slander.

(벧전3:15-16)

직역 그러나 너희의 마음속에서 그리스도를 주님으로 구별해놓아라. 항상 대답할 준비를 해라 너희가 가지고 있는 희망에 대한 이유를 대라고 너희에게 요청하는 모든 이에게. 그러나 이것을 온화하고 존경스럽게 행하라, 분명한 양심을 지니면서, 그리스도 안에서 너희의 선한 행실에 대하여 악의를 지니고 말하는 사람들이 그들의 중상모략을 부끄러워할 수 있도록

핵심구조 with + 추상명사 gentleness
with + 추상명사 respect

단어 및 숙어의 확장 [명사] slander 중상(하다), 욕 / behavior 행동, 행위, 태도, 행실 / conscience 양심, 도덕심, 의식 / gentleness 온화함, 관대함 [부사] maliciously 악의를 가지고, 심술궂게 [숙어] set apart 구별하다, 따로 떼어두다 / be ashamed of 부끄러워하다, 수치스럽게 여기다

해설 ① with + 추상명사 gentleness=부사 gently, with + 추상명사 respect=respectfully ② that은 앞에 명사, 뒤에는 주어+동사가 왔으므로 목적격관계대명사이다. ③ ,keep은 분사구문의 동시상황으로서 ,and keep으로 바꿀 수 있다. ④ so that + 주어 those + may + be ashamed=~하기 위하여

의역 너희 마음에 그리스도를 주로 삼아 거룩하게 하고 너희 속에 있는 소망에 관한 이유를 묻는 자에게는 대답할 것을 항상 예비하되 온유와 두려움으로 하고 선

한 양심을 가지라 이는 그리스도 안에 있는 너희의 선행을 욕하는 자들로 그 비방하는 일에 부끄러움을 당하게 하려 함이라

〈바티칸: 성 베드로 대성당〉

13

the + 형용사=복수보통명사

형용사 앞에 정관사 the가 오면 복수보통명사가 된다

예1 the old=old people=나이 든 사람들

예2 the young=young people=젊은이들

예3 the rich=rich people=부자들

예4 the poor=poor people=가난한 사람들

예5 the kind=kind people=친절한 사람들

예6 the sick=sick people=아픈 사람들

예7 the righteous=righteous people=정의로운 사람들

---

1 But they will have to give account to him who is ready to judge the living and the dead.

(벧전4:5)

직역 그러나 그들은 산 자들과 죽은 자들을 심판할 준비가 된 그에게 설명을 해야만 할 것이다

핵심구조 the + 형용사 living / the + 형용사 dead

단어 및 숙어의 확장 명사 account 설명 동사 judge 심판하다, 판단하다 숙어 have

to=must=should=～해야하다 / be ready to R ～할 준비가 되다

해설 the + living은 the + 형용사로서 복수보통명사 living people이 된다. the + dead 는 the + 형용사로서 복수보통명사 dead people이 된다.

의역 저희가 산 자와 죽은 자 심판하기를 예비하신 자에게 직고(直告)하리라

---

2 And, "If it is hard for <u>the righteous</u> to be saved, what will become of <u>the ungodly</u> and the sinner?"　　　　　(벧전4:18)

직역 "만약 정의로운 자들이 구원되는 일이 어렵다면, 신앙이 없는 자들과 죄인은 어떡하겠느냐?"

핵심구조 the + 형용사 righteous

단어 및 숙어의 확장 [명사] sinner 죄인 [동사] save 구원하다, 구하다 [형용사] ungodly 신앙심 없는, 사악한, 죄 많은(=sinful)

해설 ① the righteous는 the + 형용사로서, the righteous people을, the ungodly는 ungodly people을 의미한다. ② it은 가주어, for the unrighteous는 의미상의 주어, to be saved는 진주어이다.

의역 또 의인이 겨우 구원을 얻으면 경건치 아니한 자와 죄인이 어디 서리요

---

3 But he gives us more grace. That is why Scripture says: "God opposes <u>the proud</u> / but gives grace to <u>the humble</u>."　　(약4:6)

직역 그러나 그는 우리에게 더 많은 은혜를 준다. 그것이 바로 성경이 말씀하신 이유 이다. 즉 "하나님은 오만한 자들을 반대하시지만 겸손한 자들에게는 은혜를 주신다"

핵심구조 the + 형용사 proud
　　　　　　the + 형용사 humble

단어 및 숙어의 확장 [명사] grace 은혜, 우아함 [동사] oppose 반대하다, 저지하다, 대 항하다 [형용사] humble 겸손한, 초라한, 소박한

해설 ① the + 형용사=복수보통명사 the proud=proud people, the humble=humble people ② That은 지시대명사이다.

[의역] 그러나 더욱 큰 은혜를 주시나니 그러므로 일렀으되 하나님이 교만한 자를 물리치시고 겸손한 자에게 은혜를 주신다 하였느니라

4 Through him you believe in God, who raised him from <u>the dead</u> and glorified him, and so your faith and hope are in God.

(벧전1:21)

[직역] 그를 통하여 너희는 하나님의 존재를 믿는다, 왜냐하면 하나님은 그를 죽은 자들로부터 부활하게 하셨으며 그를 영광스럽게 하셨기 때문이다. 그래서 너희의 믿음과 희망은 하나님 안에 있다.

[핵심구조] the + 형용사 dead

[단어 및 숙어의 확장] [동사] raise 부활하다 / glorify 영광을 올리다 [숙어] believe in ~의 존재를 믿다

[해설] ① the + 형용사는 복수보통명사가 된다. the dead=dead people ② ,who를 접속사+대명사로 바꾸면, for he가 된다.

[의역] 너희는 저를 죽은 자 가운데서 살리시고 영광을 주신 하나님을 그리스도로 말미암아 믿는 자닌? 너희 믿음과 소망이 하나님께 있게 하셨느니라

5 With eyes full of adultery, they never stop sinning; they seduce <u>the unstable</u>; they are experts in greed—an accursed brood!

(벧후2:14)

[직역] 간음으로 가득 찬 눈으로,(눈은 간음으로 가득한 채) 그들은 결코 죄짓는 일을 멈추지 않는다. 그들은 불안정한 사람들을 유혹한다. 그들은 탐욕에 있어서 전문가이다, 즉 저주받은 족속이다!

[핵심구조] the + 형용사 unstable

[단어 및 숙어의 확장] [명사] adultery 간통, 부정, 간음 / expert 전문가 / brood 종족 / greed 탐욕, 욕심 [동사] sin 죄를 짓다 / seduce 유혹하다, 부추기다, 꾀다 / brood 곰곰히 생각하다 [형용사] unstable 불안정한, 변하기 쉬운, 고정성 없는 / accursed

저주받은, 운이 다한

해설 ① the unstable은 unstable people (불안정한 사람들)을 의미한다. ② with + O (eyes) + 형용사구(full of adultery): ～한 채로 ③ stop + 동명사(～ing): ～하는 것을 멈추다

의역 음심(淫心)이 가득한 눈을 가지고 범죄하기를 쉬지 아니하고 굳세지 못한 영혼들을 유혹하며 탐욕에 연단(練鍛)된 마음을 가진 자들이니 저주의 자식이라

6 But you have insulted <u>the poor</u>. Is it not <u>the rich</u> who are exploiting you? Are they not the ones who are dragging you into court?

(약2:6)

직역 그러나 너희들은 가난한 사람들을 모욕하였다. 너희를 이용하는 자들이 부자들이 아니더냐? 그들은 너희를 법정으로 끌고간 자들이 아니더냐?

핵심구조 the + 형용사 poor / the + 형용사 rich

단어 및 숙어의 확장 〔명사〕 court 법정, 법원 〔동사〕 insult ～을 모욕하다, ～에게 무례하게 대하다 / exploit (자원을)개발하다, 개척하다, 이용(활용)하다 / drag ～을 끌다, ～을 질질 끌고 가다

해설 the poor는 poor people을, the rich는 rich people을 의미한다.

의역 너희는 도리어 가난한 자를 괄시하였도다 부자는 너희를 압제하며 법정으로 끌고 가지 아니하느냐

7 For the eyes of the Lord are on <u>the righteous</u> and his ears are attentive to their prayer, but the face of the Lord is against those who do evil.

(벧전3:12)

직역 왜냐하면 주님의 눈은 정의로운 사람들 위에 있으며 그의 귀는 그들의 기도에 주의를 기울인다, 그러나 주님의 얼굴은 악을 행하는 자들에게 불리하게 있기 때문이다

핵심구조 the + 형용사 righteous

> **단어 및 숙어의 확장** **형용사** righteous 정의로운, 공정한, 바른, 정의의 / attentive 주의 깊은, 친절한, 세심함 **전치사** against ~에게 불리하게, ~에게 부담되게
>
> **해설** ① the righteous는 righteous people을 의미한다. ② those 다음에는 people이 생략돼 있다.
>
> **의역** 주의 눈은 의인을 향하시고 그의 귀는 저의 간구에 귀울이시되 주의 낯은 악행 하는 자들을 향하시느니라 하였느니라

8 ;if he condemned the cities of Sodom and Gomorrah by burning them to ashes, and made them an example of what is going to happen to the ungodly;

(벧후2:6)

> **직역** 그는 소돔과 고모라 도시들에게 유죄판결해서 그들을 태워 재로 만들어버리고 그들로 하여금 신앙심 없는 자들에게 발생하게 될 본보기가 되게 하셨다;
>
> **핵심구조** the + 형용사 ungodly
>
> **단어 및 숙어의 확장** **동사** condemn 유죄판결을 내리다, ~에게 형을 내리다, 비난하다 **형용사** ungodly 신앙심 없는, 신심 없는, 신을 섬기지 않은(impious), 사악한, 죄 많은)(sinful) **숙어** burn to ashes 태워 재로 만들다
>
> **해설** ① the ungodly는 ungodly people을 의미한다. ② if는 아무 의미가 없다. NLT version으로 2Peter2-8을 살펴보자:
>
> > For God did not spare even the angels who sinned. He threw them into hell, in gloomy pits of darkness, where they are being held until the day of judgment. And God did not spare the ancient world—except for Noah and the seven others in his family. Noah warned the world of God's righteous judgment. So God protected Noah when he destroyed the world of ungodly people with a vast flood. Later, God condemned the cities of Sodom and Gomorrah and turned them into heaps of ashes. He made them an example of what will happen to ungodly people. But God also rescued Lot out of Sodom because he was a righteous man who was sick of the shameful immorality of the wicked people around him. Yes, Lot was a righteous man who was tormented in his soul by the wickedness he saw and heard day after day.
>
> **의역** 소돔과 고모라성을 멸망하기로 정하여 재가 되게 하사 후세에 경건치 아니할 자들에게 본을 삼으셨으며

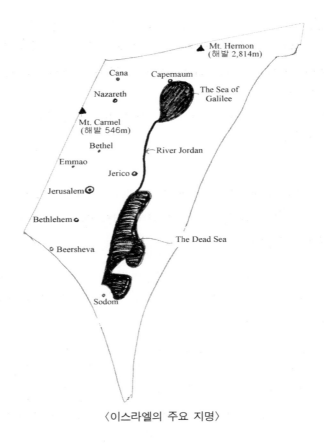

〈이스라엘의 주요 지명〉

9 —if this is so, then the Lord knows how to rescue godly men from trials and to hold <u>the unrighteous</u> for the day of judgment, while continuing their punishment.

(벧후2:9)

직역 —만약 이것이 그렇다면, 주님은 알고 계신다 경건한 인간들을 시련으로부터 구조하는 방법과 심판날에 정의로운 자들을 붙잡을 방법을, 그들의 벌을 지속하는 동안

핵심구조 the + 형용사 unrighteous

단어 및 숙어의 확장 **명사** trial 심판, 시험, 시련 / punishment 벌 / judgment 심판 **동사** rescue 구조하다, 구하다, 구제하다 / continue 계속하다, 지속하다 **형용사** godly 경건한, 신성한, 독실한(pious)

① the righteous는 righteous people을 의미한다. ② how to + R은 ~하는 방법
③ while continuing은 while he continues로 바꿀 수 있다.

의역 주께서 경건한 자는 시험에서 건지시고 불의한 자는 형벌 아래 두어 심판날까지 지키시며

10 Young men, in the same way be submissive to those who are older. All of you, clothe yourselves with humility toward one another, because, "God oppose the proud but gives grace to the humble.

(벧전5:5)

직역 젊은이들이여, 똑같은 방법으로 더 나이 든 사람들에게 순종하라. 너희 모두는 서로를 향하여 겸손으로 옷을 입어라, 왜냐하면, "하나님은 교만한 자들을 반대하시지만 겸손한 자들에게는 은혜를 주시기 때문이다

핵심구조 the + 형용사 proud / the + 형용사 humble

단어 및 숙어의 확장 명사 humility 겸손, 겸양 (humilities 겸손한 행위) 동사 clothe ~에게 옷을 주다, 덮다 (clothe oneself 옷을 입다, 옷을 입히다) / oppose ~에 반대하다, 이의를 제기하다, 대항하다 형용사 submissive 복종(순종)하는, 유순한, 온순한 / humble (신분 등이) 비천한, 천한, 초라한, 변변찮은, 겸손한, 겸허한

해설 ① the+형용사 proud=proud people=오만한 사람들, the+형용사 humble=humble people=겸손한 사람들 ② with+추상명사 humility=부사 humbly겸손하게

의역 젊은 자들아 이와 같이 장로들에게 순복하고 다 서로 겸손으로 허리를 동이라 하나님이 교만한 자를 대적하시되 겸손한 자들에게는 은혜를 주시느니라

11 For Christ died for sins once for all, the righteous for the unrighteous, to bring you to God. He was put to death in the body but made alive by the Spirit, ...

(벧전3:18)

직역 왜냐하면 그리스도가 최종적으로 죄 때문에 죽으셨는데, 불의한 자들을 대신하여 정의한 자로 죽으셔서 너희들을 하나님께 데려가셨기 때문이다. 그는 몸은 죽음을 당하셨으나 성령에 의해서 살아나셨다,

핵심구조 the + 형용사 righteous / the + 형용사 unrighteous

단어 및 숙어의 확장 동사 make 만들다 (make-made-made) / put-put-put 형용사 righteous 공정한, 바른, 정의로운 (↔unrighteous 불공정한, 정의롭지 못한) / alive 살아 있는 숙어 once for all 끝으로 한 번만 더, 최종적으로, 딱 잘라서 / put to death 죽게하다

해설 the righteous는 righteous people(정의로운 사람들)을 의미해야 하지만, 이 문장에서는 Christ를 의미하므로 '정의로운 자'로 번역해야한다. the unrighteous는 unrighteous people(불의한 사람들)을 의미한다.

📂 NLT version으로 베드로전서3:18을 살펴보자:

Christ suffered for our sins once for all time. He never sinned, but he died for sinners to bring you safely home to God. He suffered physical death, but he was raised to life in the Spirit.

의역 그리스도께서도 한 번 죄를 위하여 죽으사 의인으로서 불의한 자를 대신하셨으니 이는 우리를 하나님 앞으로 인도하려 하심이라 육체로는 죽임을 당하시고 영으로는 살리심을 받으셨으니

12 Praise be to the God and Father of our Lord Jesus Christ! In his great mercy he has given us new birth into a living hope through the resurrection of Jesus Christ from the dead, and into an inheritance that can never perish, spoil or fade—kept in heaven for you, who through faith are shielded by God's power until the coming of the salvation that is ready to be revealed in the last time.

(벧전1:3-5)

직역 하나님이면서 동시에 우리 주 예수 그리스도의 아버지께 찬양 있으라! 그의 커다란 자비로 그는 우리에게 새로운 생명을 주시어 살아 있는 희망이 되게 하셨다 죽은 자들로부터 예수 그리스도께서 부활하심을 통하여. 그리하여 결코 사라지거나 망치거나 시들 수 없는 유업이 되게 하셨다—너희들을 위하여 하늘에 보관된 것이다, 왜냐하면 믿음을 통하여 너희들은 하나님의 능력에 의해서 보호받는다 마지막 때에 드러날 준비가 된 구원이 도래하기까지

핵심구조 the + 형용사 dead

단어 및 숙어의 확장 〔명사〕 resurrection 부활, 되살아남, 그리스도의 부활 / inheritance 상속, 계승 / salvation 구제, 구원, 구조 〔동사〕 shield 보호하다, 감싸다 / reveal 밝히다, 드러내다, 보여주다 / perish 사라지다, 죽다 / spoil 망치다, 상하다/ fade 사라지다, 색이 바래다, 쇠퇴하다, 시들다 / keep 간직하다 (keep-kept-kept) / give 주다 (give-gave-given) 〔숙어〕 be ready to ~할 준비를 하다

해설 ① the + dead는 dead people을 의미한다. ② Praise 앞부분에 May가 생략돼 있다. ③ inheritance 다음의 that은 주격관계대명사이다. ④ ,who는 관계대명사의 계속적 용법으로서 접속사+대명사로 바꾸면, for you가 된다. ⑤ that is에서 that은 생략되지 않은 채 be동사와 함께 그대로 쓰였다.

의역 찬송하리로다 우리 주 예수 그리스도의 아버지 하나님이 그 많으신 긍휼대로 예수 그리스도의 죽은 자 가운데서 부활하심으로 말미암아 우리를 거듭나게 하사 산 소망이 있게 하시며 썩지 않고 더럽지 않고 쇠하지 아니하는 기업을 잇게 하시나니 곧 너희를 위하여 하늘에 간직하신 것이라 너희가 말세에 나타내기로 예비하신 구원을 얻기 위하여 믿음으로 말미암아 하나님의 능력으로 보호하심을 입었나니

14

기원문

May + S + V !

may로 시작하는 기원문이 쓰인 문장

✎해석방법: ～하기를(바란다)

예문1 May you succeed! (성공하기를!)

예문2 May you be happy! (행복하기를!)

예문3 May God protect you and your family!
(하나님이 당신과 당신가족을 보호하시기를!)

예문4 May you be in good health! (건강하시기를!)

예문5 May you find comfort in the thoughts and sympathy of friends.
(**직역** 친구들의 생각과 연민에서 편안함을 찾기를!)
(**의역** 친구들이 당신을 생각하고 안타까워하기 때문에 마음을 편하게 갖기를)

예문6 May the year that lies ahead bring happiness.
(앞으로의 나날을 행복하게 보내기를!)

---

1 To him be the power for ever and ever, Amen. (벧전5:11)

> **직역** 능력이 그에게 영원히 있기를, 아멘
>
> **핵심구조** (may) + 동사 be
>
> **단어 및 숙어의 확장** **숙어** forever and ever 영구히, 언제까지나
>
> **해설** 기원문으로서 be 앞에 may가 생략돼 있다. to him은 부사구로서 문장의 맨 앞에 나와서 강조돼 있다. 이 문장을 원래 순서대로 쓰면, May be the power to him forever and ever, Amen이 된다.
>
> **의역** 권력이 세세 무궁토록 그에게 있을찌어다 아멘

2 Grace and peace be yours in abundance through the knowledge of God and of Jesus our Lord. (벧후1:2)

> **직역** 은혜와 평화가 풍부하게 너희에게 있기를 하나님과 우리 주님 예수님의 지식을 통하여
>
> **핵심구조** (May) + 주어 Grace and peace + 동사 be
>
> **단어 및 숙어의 확장** **숙어** in abundance 풍부하게, 많이, 풍부히
>
> **해설** Grace 앞부분에 May가 생략돼 있다.
>
> **의역** 하나님과 우리 주 예수를 앎으로 은혜와 평강이 너희에게 더욱 많을찌어다

3 But grow in the grace and knowledge of our Lord and Savior Jesus Christ. To him be glory both now and forever! Amen. (벧후3:18)

> **직역** 그러나 우리 주 구세주 예수 그리스도의 은혜와 지식으로 성장하라. 그에게 지금과 영원히 영광있으라! 아멘.
>
> **핵심구조** (may) + 동사 be
>
> **단어 및 숙어의 확장** **명사** knowledge 앎, 지식 (동사: know) / Savior 구세주, 구원자 / grace 은혜, 은총
>
> **해설** To him은 문장의 맨 앞으로 와서 강조되었다. him 다음에 may가 생략돼 있다. 원래의 문장으로 고치면, May be glory to him both now and forever! 가 된다.

오직 우리 주 곧 구주 예수 그리스도의 은혜와 저를 아는 지식에서 자라 가라 영광이 이제와 영원한 날까지 저에게 있을찌어다

4 If anyone speaks, he should do it as one speaking the very words of God. If anyone serves, he should do it with the strength God provides, so that in all things God may be praised through Jesus Christ. To him be the glory and the power for ever and ever. Amen.

(벧전4:11)

직역 누군가가 말할 경우, 그는 그것을 하나님의 바로 그 말씀을 말하는 사람처럼 해야한다. 누군가가 봉사할 경우, 그는 그것을 하나님이 제공하신 힘으로 해야 한다, 모든 일에 있어서 하나님이 예수 그리스도를 통하여 찬양받으실 수 있도록. 그에게 영광과 능력이 영원히 함께 하시기를. 아멘.

핵심구조 (May) + 동사 be

단어 및 숙어의 확장 **동사** praise 찬양하다, 칭찬하다, 찬미하다 (be praised 찬양받다, 칭찬받다) **형용사** strong 힘 센, 강한 (strength 힘)

해설 ① 기원문으로서 be 앞에 may가 생략돼 있다. To him은 부사구로서 문장의 맨 앞에 나와서 강조돼 있다. 이 문장을 원래 순서대로 쓰면, May be glory and the power to him for ever and ever.가 된다. ② speaking은 one을 뒤에서 꾸며주는 제한적 용법의 현재분사이다. ③ so that + 주어 God + may + 동사원형 be ~하기 위하여 ④ strength와 God 사이에는 목적격관계대명사 that이 생략돼 있다.

의역 만일 누가 말하려면 하나님의 말씀을 하는 것 같이 하고 누가 봉사하려면 하나님의 공급하시는 힘으로 하는 것같이 하라 이는 범사에 예수 그리스도로 말미암아 하나님이 영광을 받으시게 하려 함이니 그에게 영광과 권능이 세세에 무궁토록 있느니라 아멘

5 Praise be to the God and Father of our Lord Jesus Christ! In his great mercy he has given us new birth into a living hope through the resurrection of Jesus Christ from the dead, and into an inheritance that can never perish, spoil or fade—kept in heaven for you, who through faith are shielded by God's power until the coming of the salvation that is ready to be revealed in the last time. (벧전1:3-5)

직역 하나님이면서 동시에 우리 주 예수 그리스도의 아버지께 찬양 있으라! 그의 커다란 자비로 그는 우리에게 새로운 생명을 주시어 살아 있는 희망이 되게 하셨다 죽은 자들로부터 예수 그리스도께서 부활하심을 통하여. 그리하여 결코 사라지거나 망치거나 시들 수 없는 유업이 되게 하셨다—너희들을 위하여 하늘에 보관된 것이다, 왜냐하면 믿음을 통하여 너희들은 하나님의 능력에 의해서 보호받는다. 마지막 때에 드러날 준비가 된 구원이 도래하기까지

핵심구조 (May) + 주어 Praise + 동사 be

단어 및 숙어의 확장 명사 resurrection 부활, 되살아남, 그리스도의 부활 / inheritance 상속, 계승 / salvation 구제, 구원, 구조 동사 shield 보호하다, 감싸다 / reveal 밝히다, 드러내다, 보여주다 / perish 사라지다, 죽다 / spoil 망치다, 상하다/ fade 사라지다, 색이 바래다, 쇠퇴하다, 시들다 / keep 간직하다 (keep-kept-kept) / give 주다 (give-gave-given) 숙어 be ready to ~할 준비를 하다

해설 ① Praise 앞부분에 May가 생략돼 있다. ② the + dead=dead people ③ inheritance 다음의 that은 주격관계대명사이다. ④ ,who는 관계대명사의 계속적 용법으로서 접속사+대명사로 바꾸면, for you가 된다. ⑤ that is에서 that은 생략되지 않은 채 be동사와 함께 그대로 쓰였다.

의역 찬송하리로다 우리 주 예수 그리스도의 아버지 하나님이 그 많으신 긍휼대로 예수 그리스도의 죽은 자 가운데서 부활하심으로 말미암아 우리를 거듭나게 하사 산 소망이 있게 하시며 썩지 않고 더럽지 않고 쇠하지 아니하는 기업을 잇게 하시나니 곧 너희를 위하여 하늘에 간직하신 것이라 너희가 말세에 나타내기로 예비하신 구원을 얻기 위하여 믿음으로 말미암아 하나님의 능력으로 보호하심을 입었나니

---

6 Peter, an apostle of Jesus Christ, To God's elect, strangers in the world, scattered throughout Pontus, Galatia, Cappadocia, Asia and Bithynia, <u>who</u> have been chosen according to the foreknowledge of God the Father, through the sanctifying work of the Spirit, for obedience to Jesus Christ and sprinkling by his blood: <u>Grace and</u>

peace be yours in abundance. (벧전1:1-2)

직역 예수 그리스도의 사도, 베드로가 폰투스, 갈라시아, 갑바도키아, 아시아와 비스니아 전역으로 흩어진 하나님에게서 선택된 자, 즉 이 세상의 이방인들에게 보냄, 이들은, 아버지 하나님의 선견지명에 의해서 뽑힌 자들이니, 성령의 신성한 작용을 통하고, 예수 그리스도에게 복종하기 위하여, 그리고 그의 피로 뿌림을 통해서: 너희들에게 은혜와 평화가 충만하기를

핵심구조 (May) + 주어 Grace and peace + 동사 be

단어 및 숙어의 확장 〔명사〕 apostle 사도 / elect 뽑힌 사람, 하나님의 선민, 소명을 받은, 하나님에게 선택된 / foreknowledge 예지, 선견지명, 통찰 / obedience 복종, 순종 〔동사〕 scatter 흩뿌리다 / choose 선택하다 (choose-chose-chosen) / sprinkle ∼을 뿌리다, 끼었다, 흩뿌리다 / sanctify ∼을 신성하게 하다, 축성하다, (죄 따위)씻다, 깨끗이 하다 〔숙어〕 in abundance 풍부하게 / according to ∼에 따라서

해설 ① Grace 앞에 May가 생략돼 있다. ② strangers와 scattered 사이에 주격관계대명사 that과 were가 생략돼 있다. 과거분사 scattered 이하는 strangers를 꾸며주는 제한적 용법이다. ③ ,who는 관계대명사의 계속적 용법으로서 접속사+대명사로 바꾸면 ,and they가 된다. ④ sanctifying은 제한적 용법의 현재분사로서 명사 work을 꾸며준다.

의역 예수 그리스도의 사도 베드로는 본, 갈라디아, 갑바도기아, 아시아와 비두니아에 흩어진 나그네 곧 하나님 아버지의 미리 아심을 따라 성령의 거룩하게 하심으로 순종함과 예수 그리스도의 피뿌림을 얻기 위하여 택하심을 입은 자들에게 편지하노니 은혜와 평강이 너희에게 더욱 많을찌어다

■ 부록 I (Appendix I)

> 📂 자주 인용되는 야고보서와 베드로전후서의 유명한 구절이다. 우리말과 영어는 어순이 서로 반대라는 것을 명심하면서 큰 목소리로 외워보자.

1) 내 형제들아, 사람을 외모로 취하지 말라 (약2:1)

My brothers, don' t show favoritism.

> ♱ 내 형제들아 My brothers / 보여주지 마라 don't show / 치우친 사랑을 favoritism.
> [favoritism: 치우친 사랑, 편애]

2) 믿음의 시련이 인내를 만든다 (약1:3)

The testing of your faith develops perseverance.

> ♱ 너희의 믿음의 시련이 The testing of your faith / 향상시킨다 develops / 인내를 perseverance.

3) 시험을 참는 자는 복이 있도다 (약1:12)

Blessed is the man who perseveres under trial.

> ♱ 복이 있도다 Blessed is / 그 사람은 the man / 참아내는 자는 who perseveres / 시련 아래에서 under trial.

4) 그러므로 형제들아 주의 강림하시기까지 길이 참으라 (약5:7)

Be patient, then, brothers, until the Lord' s coming.

> ♱ 인내하라 Be patient, / 그러므로, 형제들아, then, brothers, / 주님의 오심까지 until the Lord's coming.

5) 너희도 길이 참고 마음을 굳게 하라 주의 강림이 가까우니라 (약5:8)

You, too, be patient and stand firm, because the Lord' s coming is near.

✝ 너희 또한 참고 You, too be patient / 확고하게 서라 and stand firm, / 왜냐하면 주님의 강림이 가깝기 때문이다 because the Lord's coming is near.

6) 오직 믿음으로 구하고 조금도 의심하지 말라 (약1:6)

When he asks, he must believe and not doubt.

✝ 요청할 때는 When he asks, / 믿어야하고 he must believe / 의심하지 말아야한다 not doubt.

7) 의인의 간구는 역사하는 힘이 많으니라 (약5:16)

The prayer of a righteous man is powerful and effective.

✝ 의로운 사람의 기도는 The prayer of a righteous man / 힘이 있고 효과적이다 is powerful and effective.

8) 하나님은 교만한 자를 물리치시고 겸손한 자에게 은혜를 주신다 (약4:6)

God opposes the proud but gives grace to the humble.

✝ 하나님은 반대하신다 God opposes / 교만한 자들을 the proud / 그러나 은혜를 주신다 but gives grace / 겸손한 자들에게 to the humble

9) 만일 사람이 믿음이 있노라 하고 행함이 없으면 무슨 이익이 있으리요 (약2:14)

What good is it if a man claims to have faith but has no deeds?

✝ 무슨 이익이 있으리요 What good is it / 만약 사람이 주장한다면 if a man claims / 믿음은 있으나 행함이 없다면 to have faith but has no deeds?

10) 행함이 없는 믿음은 그 자체가 죽은 것이라 (약2:17)

Faith by itself, if it is not accompanied by action, is dead.

✝ 믿음 그 자체는 죽은 것이다 Faith by itself is dead / 행함이 따르지 않는다면 if it is not accompanied by action.

11) 영혼 없는 몸이 죽은 것같이 행함이 없는 믿음은 죽은 것이니라 (약2:26)

As the body without the spirit is dead, so faith without deeds is dead.

> ✢ 영혼이 없는 몸이 죽은 것처럼 As the body without the spirit is dead / 행함이
> 없는 믿음도 죽은 것이다 so faith without deeds is dead.

12) 주께는 하루가 천 년 같고 천 년이 하루 같다 (벧후3:8)

With the Lord a day is like a thousand years, and a thousand years are like a day.

> ✢ 주님에게는 With the Lord / 하루가 천 년과 같으며 a day is like a thousand years,
> / 천 년은 하루와 같다 and a thousand years are like a day.

13) 너희가 열심히 선을 행하면 누가 너희를 해하리요 (벧전3:13)

Who is going to harm you if you are eager to do good?

> ✢ 누가 해할 것이냐 너희를 Who is going to harm you / 만약 너희가 열심한다면
> if you are eager to / 선을 행하는 것을 do good?

14) 무엇보다도 열심히 서로 사랑할찌니 사랑은 허다한 죄를 덮느니라 (벧전4:8)

Above all, love each other deeply, because love covers over a multitude of sins.

> ✢ 무엇보다도 Above all, / 사랑하라 서로 열심히 love each other deeply, / 왜냐하면
> 사랑은 덮기 때문이다 because love covers over / 무수한 죄를 a multitude of sins.

15) 듣기는 속히 하고 말하기는 더디 하며 성내기도 더디 하라 (약1:19)

Everyone should be quick to listen, slow to speak and slow to become angry.

> ✢ 모든 이는 듣기에는 빨라야 하고 Everyone should be quick to listen, / 말하기에는
> 느리게 하고 slow to speak / 그리고 화내는 일에는 느리게 하여라 and slow to
> become angry.

16) 우리가 다 실수가 많으니 만일 말에 실수가 없는 자면 곧 온전한 사람이라 (약3:2)

We all stumble in many ways. If anyone is never at fault in what he says, he is
a perfect man.

> ✢ 우리 모두는 넘어진다 We all stumble / 여러 가지 면에서 in many ways. / 만약

누구든지 결코 실수하지 않으면 If anyone is never at fault / 그가 말한 것에 있어서 in what he says, / 그는 완벽한 자이다 he is a perfect man.

17) 너희 염려를 다 주께 맡겨 버리라 이는 저가 너희를 권고하심이니라 (벧전5:7)

Cast all your anxiety on him because he cares for you.

✚ 던져라 Cast / 모든 너의 걱정을 all your anxiety / 그의 위에 on him / 왜냐하면 그가 돌보시기 때문이다 because he cares for / 너희를 you.

18) 저가 채찍에 맞음으로 너희는 나음을 얻었나니 (벧전2:24)

By his wounds you have been healed.

✚ 그의 상처로 인하여 By his wounds / 너희는 치료를 받았다 you have been healed.

19) 그리스도 안에 있는 너희 모든 이에게 평강이 있을찌어다 (벧전5:14)

Peace to all of you who are in Christ.

✚ 평화가 너희 모두에게 있기를 Peace to all of you / 그리스도 안에 있는 who is in Christ.

20) 주의 날이 도적같이 오리니 (벧후3:10)

The day of the Lord will come like a thief.

✚ 주님의 날이 올 것이다 The day of the Lord will come / 도적처럼 like a thief.

21) 혀는 능히 길들일 사람이 없나니 쉬지 아니하는 악이요 죽이는 독이 가득한 것이라 (약 3:7-8) No man can tame the tongue. It is a restless evil, full of deadly poison.

✚ 그 누구도 길들일 수 없다 No man can tame / 혀를 the tongue. / 그것은 쉬지 않는 악이요 It is a restless evil, / 치명적인 독으로 가득찬 full of deadly poison. (tame (v) 길들이다 / restless (a) 쉬지 않는, 쉴 수 없는 / deadly (a) 치명적인 / poison (n) 독) (직역 그 누구도 혀를 길들일 수 없다. 그것은 쉼이 없는 악이며, 치명적인 독으로 가득 차 있다)

22) 주께서는 오직 너희를 대하여 오래 참으사 아무도 멸망치 않고 다 회개하기에 이르기를
원하시느니라 (벧후3:9)

The Lord is patient with you, not wanting anyone to perish, but everyone to come
to repentance.

✚ 주님은 너희에게 인내하신다 The Lord is patient with you, / 그 누구도 망하기를
원하시는 것이 아니라 not wanting anyone to perish, / 누구라도 와서 회개하기를
원하시면서 but everyone to come to repentance.

23) 예수를 너희가 보지 못하였으나 사랑하는도다 이제도 보지 못하나 믿고 말할 수 없는
영광스러운 즐거움으로 기뻐하니 믿음의 결국 곧 영혼의 구원을 받음이라 (벧전1:8-9)

Though you have not seen him, you love him; and even though you do not see
him now, you believe in him and are filled with an inexpressible and glorious joy,
for you are receiving the goal of your faith, the salvation of your souls.

✚ 비록 너희가 그를 보지 못했더라도 Though you have not seen him, / 너희는 그를
사랑한다 you love him; / 그리고 비록 너희는 지금 그를 못볼지라도 and even
though you do not see him now, / 너희는 그의 존재를 믿고 you believe in him
/ 가득 차 있다 are filled with / 표현할 수 없고 영광스러운 기쁨으로 an

inexpressible and glorious joy, / 왜냐하면 너희는 너희 믿음의 목표를 받고 있는 중이 때문이다 ,for you are receiving the goal of your faith, / 즉 너희 영혼의 구원을 ,the salvation of your souls.

24) 너희가 그리스도의 이름으로 욕을 받으면 복 있는 자로다 영광의 영 곧 하나님의 영이 너희 위에 계심이라 (벧전4:14)

If you are insulted because of the name of Christ, you are blessed, for the Spirit of glory and of God rests on you.

✚ 만약 너희가 모욕을 당하면 If you are insulted / 그리스도의 이름 때문에 because of the name of Christ, / 너희는 복을 받는다 you are blessed, / 왜냐하면 영광의 성령이자 하나님의 성령이 for the Spirit of glory and of God / 머무르시기 때문이다 rests / 너희 위에 on you.

25) 내일 일을 너희가 알지 못하는도다 너희 생명이 무엇이뇨 너희는 잠간 보이다가 없어지는 안개니라 (약4:14)

You do not even know <u>what</u> will happen tomorrow. What is your life? You are a mist that appears for a little while and then vanishes.

✚ 너희는 실로 알지 못한다 You do not even know / 내일 무엇이 발생할 것인지를 what will happen tomorrow. / 너희의 생명이 무엇이냐? What is your life? / 너희는 안개이다 You are a mist / 잠시동안 나타났다가 that appears for a little while / 그리고 사라지는 and then vanishes.

■ 부록 II (Appendix II)

the gospel of James

1. Why can' t we be answered though we pray?
    a) It's because we can't get the grace of the Holy Spirit.
    b) It's because we don't pray hard.
    c) It's because we are lazy in praying.
    d) It's because we ask with wrong motives to spend what we get on our pleasures.

2. What does it look like if you pray with doubt?
    a) It's strong like a river.
    b) It looks like a wave of the sea blown and tossed by the wind.
    c) It's hot like the sun.
    d) It wanders like a cloud.

3. Why are people tempted?
    a) It's because their mistakes.   b) It's because their sins.
    c) It's because their own greeds.   d) It's because their satans.

4. Desires give birth to sin and what happens when it is full-grown?
    a) It gives birth to death.   b) It gives birth to life.
    c) It gives birth to honor.   d) It gives birth to love.

5. What makes us not be able to carry out the righteousness of God?
    a) to be angry   b) to work hard
    c) to sleep   d) to run

6. Which is the best law that the New Testament holds?

a) Believe in Jesus, the Lord.

b) Receive warmly Jesus, the Lord.

c) Love your neighbors as yourself.

d) Be baptized with the name of Jesus, the Lord.

7. By what makes faith be completed?

a) by what he served   b) by his obedience

c) by his faith   d) by what he did

8. How is the faith without deeds?

a) It's like the wind.   b) It is alive.

c) It's dead.   d) It's like the sea.

9. What does the perfect man in the gospel of *James* mean?

a) a man whose limb is perfect

b) a silent man

c) a man who is never at fault in what he says

d) a handsome man

10. What is a man's tongue compared to?

a) sword and fire   b) water and fire

c) rudder and fire   d) fire

11. What is the thing that no man can tame?

a) wind in the sky   b) disobedient child

c) quarreling men   d) man's tongue

12. Which of the following is the theme of the gospel of *James*?

a) We must endure the test of the God.

b) Greed leads to destruction.

c) Faith with deeds is alive.

d) Sin cannot be forgiven.

[Answers]

1. ⓓ   2. ⓑ   3. ⓒ   4. ⓐ   5. ⓐ   6. ⓒ   7. ⓓ   8. ⓒ   9. ⓒ   10. ⓒ

11. ⓓ   12. ⓒ

the gospel of I Peter

1. Which of the following does not indicate the people in *the First Peter* 2:9?

   a) the capstone

   b) a chosen people

   c) a royal priesthood

   d) a holy nation

2. When the end of all things is near, we should_____. Choose one that is not suitable to the blank.

   a) pray.

   b) be clear-minded

   c) be self-controlled.

   d) be suffered.

3. How should we do when we suffer as a Christian?

   a) We should repent.

   b) We should be ashamed.

   c) We should be joyful.

   d) We should cry.

4.   "Young men, in the same way be submissive to those who are older. all of you, clothe yourselves with humility toward one another, because,   'God_____the proud but gives_____to the humble.' "

   a) hates, blessings

   b) opposes, grace

   c) dislikes, bread

   d) flogs, honor

5. Be self-controlled and alert. Your enemy the devil prowls around like a _____ lion looking for someone to_____.

   a) roaring, devour   b) crowded, devour

   c) roar, devoured   d) roar, to be devoured

[Answers]

1. ⓐ   2. ⓓ   3. ⓒ   4. ⓑ   5. ⓐ

the gospel of II Peter

1. From God how did the prophet speak? (1:21)

   a) by prayer

   b) by fasting

   c) by the commands of the prophet

   d) by what they were carried along by the Holy Spirit

2. What is the prophecy of Peter on the future?

   a) The world will be destroyed by water.

   b) The world will be destroyed by fire.

   c) The world will be disappeared on a sudden.

   d) The world will be existed forever.

3. Which of the following is <u>not</u> one of the seven things besides faith? (1:5-7)

   a) mercy, sincerity

   b) goodness, knowledge

   c) self-control, perseverance, godliness

   d) brotherly kindness, love

*Fill the blanks with a suitable word (4-5).

4. 그러나 주의 날이 도적같이 오리니: But the day of the Lord will come like a_____.
   a) lion
   b) thief
   c) command
   d) fire

5. 하나님의 날이 임하기를 바라보고 간절히 사모하라: Look forward to the day of God and speed its_____.
   a) coming
   b) love
   c) thought
   d) heat

[Answers]

1. ⓓ 2. ⓓ 3. ⓐ 4. ⓑ 5. ⓐ

■ 참고문헌 (Bibliography)

[국내서적]

강낙중. 「영어식 사고 & 영어식 표현」. 서울: 쓰리라이프, 2005.

강병도 편. 「빅 라이프성경」. 서울: 기독지혜사, 1996.

개역개정판 「만나성경」. 서울: 성서원, 2006.

김복희. 「Upgrade영문법: 기초에서 토익토플까지」. 서울: 한국문화사, 2004.

_____. 「술술풀어가는 영어성경영문법-마태복음-」. 서울: 한국문화사, 2008.

_____. 「교회실용영어」. 서울: 한국문화사, 2010.

_____. 「술술풀어가는 영어성경영문법-요한복음-」. 서울: 한국문화사, 2011.

_____. 「술술풀어가는 영어성경영문법-옥중서신-」. 서울: 한국문화사, 2012.

_____. 「술술풀어가는 영어성경영문법-마가복음-」. 서울: 한국문화사, 2013.

김원중. 「통찰력 사전」. 서울: 글항아리, 2009.

김의원 편. 「NIV 한영해설성경」. 서울: 성서원, 2006.

김희수. 「신학영어」. 서울: 기독교문서선교회, 1996.

라원기. 라원준. 「영어성경 사전 없이 읽기」. 서울: 학사원, 2004.

류태영. 「이스라엘 바로알기」. 서울: 제네시스, 2006.

안준호. 「10일간의 성지순례」. 서울: 열린책들, 1994.

이용태. 「영어성경으로 영어를 마스터하자」. 서울: 프리셉트, 1998.

이종성 편. 「Big 베스트성경」. 서울: 성서원, 1999.

_____. 「뉴만나성경」. 서울: 성서원, 2000.

이희철. 「지리로 본 성서의 세계」. 서울: 생명의말씀사, 1997.

[국외서적]

Kirn Elaine & Hartmann Pamela. *Interactions One: A Reading Skills Book*. N.Y.:The McGraw-Hill Companies, Inc., 1996.

The Holy Bible: New International Version. Colorado Springs: International Bible Society, 1984.

The Holy Bible: New International Version: The New Testament. Michigan: Grand Rapids, 1973.

[번역서]

Briscoe, Jill, McIntyre K, Laurie & Seversen, *Beth. Designing Effective Women's Ministries.* 천영숙, 김복희 옮김. 「여성사역자를 깨워라」. 서울: 이레서원, 2001.

Jenkins, Simon. *Bible Mapbook.* 박현덕 옮김. 「성경과 함께 보는 지도」. 서울: 목회자료사, 1991.

Raymer, Roger M., Gangel, Kenneth O., Hodges, Zane C., Pentecost, Edward C. *1Peter, 2Peter, 1John, 2John, 3John, Jude.* 양용의 옮김. 「베드로전서, 베드로후서, 요한일·이·삼서, 유다서」. 서울: 두란노서원, 1988.

生田 哲. *はやわかり せいしょう.* 김수진 옮김. 「하룻밤에 읽는 성서」. 서울: 랜덤하우스, 2007.